一本书 读懂 新个人所得税法

PERSONAL INCOME TAX

洞 悉 税 收 筹 划 秘 密

蔡昌◎主编

中国法制出版社
CHINA LEGAL PUBLISHING HOUSE

前言

PREFACE

财政是国家治理的基础和重要支柱。中共十八届三中全会通过的《中共中央关于全面深化改革若干重大问题的决定》明确要“逐步建立综合与分类相结合的个人所得税制”。中共十九大报告指出，要加快建立现代财政制度，深化税收制度改革。2018 年《政府工作报告》进一步提出，要改革个人所得税，“提高个人所得税起征点，增加子女教育、大病医疗等专项费用扣除，合理减负，鼓励人民群众通过劳动增加收入、迈向富裕”。

历时多年的个人所得税法改革方案于 2019 年春天终于尘埃落定，一系列个人所得税新政策扑面而来，引起社会各界人士的普遍关注。为了帮助更多的纳税人掌握个人所得税新政，知悉合法的节税秘诀，我们为社会各界朋友编写了普及版新个人所得税读本——《一本书读懂新个人所得税法》。

本书由中央财经大学蔡昌教授领衔担任主编，进行全书的统筹规划与总纂定稿，由朱凯达、王同磊、张崇元担任编委会副主任，负责组织撰写并负责统稿，参与本书编写的人员还有郎琨、邓粞元、黄洁瑾、赵桂芝、李劲微、林高怡、吴琦、冯宗齐、赵新宇、蔡一炜、倪祎彤、黄荷卿、王开怀、朱旖晨、杜星、张鑫媛、张宇璨、邓正宏、薛黎明、张超、冷泰来、马燕妮、于佳琪等。

本书有三大特色：一是系统性，本书围绕新个人所得税相关知识点、操作实务与筹划技巧，系统地解读新个人所得税及其应用；二是实操性，本书撷取新个人所得税实践案例，娓娓道来，讲述新个人所得税实务中的操作程序与方法；三是趣味性，本书穿插一些新颖而有趣的税收案例及知识链接，使读者在轻松阅读中获益。

限于时间和编者水平，不足之处在所难免，请大家批评指正，以便我们再版修订，谢谢！

蔡　昌

中央财经大学财税学院教授、博士生导师

中央财经大学税收筹划与法律研究中心主任

目录

第七章

税收筹划——守住钱袋子

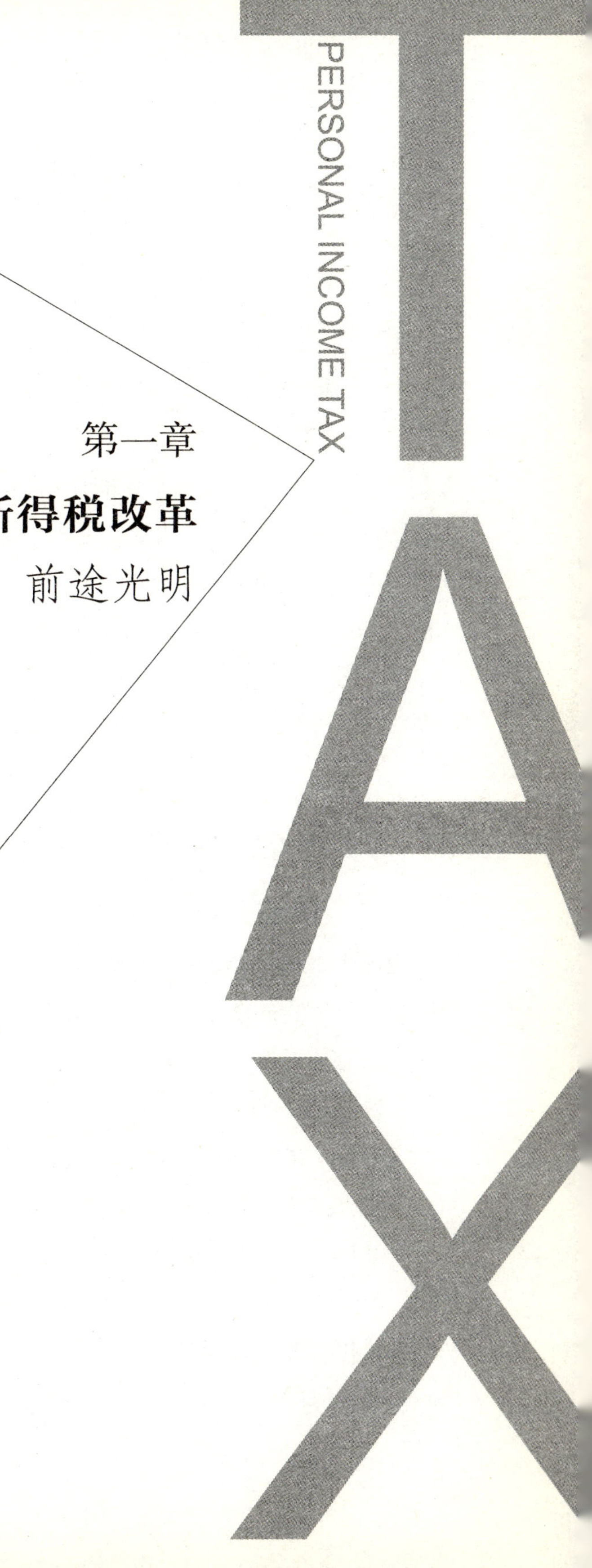

第一章

中国个人所得税改革

——道路曲折，前途光明

个人所得税1799年起源于英国，至今已经有200多年的历史。当时正值英法战争，为了筹集对拿破仑作战的军费，24岁就担任英国首相的小皮特（William Pitt 1759—1806），主持颁布世界第一部个人所得税法，开征个人所得税，所以个人所得税又被称为“打败拿破仑的税”。战争结束后这项税收就停止了，不过1803年拿破仑战争开始后再次征收，反反复复，由此看来，最初个人所得税的职能主要是筹集资金。个人所得税在西方还有一个昵称，叫“罗宾汉税”。

个人所得税在英国出现后，由于其充分体现了按照个人实际经济能力征税的现代化征税原则，充分彰显了征税的公正性，马上被其他国家学习，风靡世界。

1.1 个人所得税法的前世今生

我国《个人所得税法》可以追溯到清朝末年，1910年10月清政府成立资政院以后，当时的布政使（省长）就起草了一个所得税章程，提交给资政院审议。但是还没有通过审议，清政府就被推翻了。1950年7月，刚成立不久的中央人民政府政务院公布的《全国税政实施要则》中，就列举有对个人所得课税的税种，当时定名为“薪给报酬所得税”，但一直没有实施。我国真正开始实施的个人所得税法在二十世纪八十年代初才得以颁布，至今已有三十多年的发展历程，在这几十年间个人所得税法不断修订完善，时至今日更是日趋完备，个人所得税变革历程时间简表如下：

（1）1980年，《个人所得税法》正式实施。

（2）1986年，出台《个人收入调节税暂行条例》。

（3）1986 年，出台《城乡个体工商业户所得税暂行条例》。

（4）1993 年，第八届全国人民代表大会常务委员会第四次会议通过了《关于修改〈中华人民共和国个人所得税法〉的决定》，同时公布了修改后的《个人所得税法》，自 1994 年 1 月 1 日起施行。

（5）1999 年，对居民存款利息征收 20% 的个人所得税。

（6）2006 年，工资、薪金类个人所得税的免征额提高到 1600 元。

（7）2007 年，对银行储蓄存款利息征收的个人所得税税率下调为 5%。

（8）2008 年，工资、薪金类个人所得税的免征额上调为 2000 元。

（9）2008 年，暂停征收银行存款利息所得税。

（10）2011 年，个人所得税的免征额由 2000 元提高到 3500 元。

（11）2018 年，第十三届全国人民代表大会常务委员会第五次会议通过了《全国人民代表大会常务委员会关于修改〈中华人民共和国个人所得税法〉的决定》，基本减除费用提高到年 6 万元（月平均 5000 元），实施分类与综合相结合的征税模式，增加专项附加扣除项目。

至此，经历数次大修改后的新《个人所得税法》正式亮相，而最新的这次修订可谓具有历史性意义的大变动。这次改革动作如此之大，笔者认为有两方面的主要原因。

1. 深化财税体制改革的宏观经济背景

财政是国家治理的基础和重要支柱。中共十九大报告指出：要加快建立现代财政制度，深化税收制度改革。2018 年《政府工作报告》进一步提出，要改革个人所得税，“提高个人所得税免征点，增加子女教育、大病医疗等专项费用扣除，合理减负，鼓励人民群众通过劳动增加收入、迈向富裕”。

2. 个人所得税收入规模扩大，个人所得税地位提高

2000 年以来，中国个人所得税收入增长迅速，2017 年达到 11966 亿元，占全国税收收入的 8.29%，并在国内生产总值（GDP）中占比达 1.45%。这表明，随着中国经济发展，居民收入增加，个人所得税收入规模不断扩大。同时，个人所得税在我国税收体系中的地位也在提高。财政部公布的财政收支数据显示，

2017年国内增值税收入为56378亿元，同比增长8%；国内消费税收入为10225亿元，同比增长0.1%；企业所得税收入为32111亿元，同比增长11.3%；个人所得税收入为11966亿元，同比增长18.6%。个人所得税已成为中国仅次于增值税、企业所得税的第三大税种，且收入规模增长迅速。在此基础上，加快推进个人所得税改革可以更有效地发挥个人所得税功能，实现改革目标。

在税制改革不断深化的今天，及时了解个人所得税法的最新变化，看懂个人所得税法的真面目，对我们每一位纳税公民来说都是十分有必要的。

1.2 个人所得税未来改革的呼声

从1980年我国开征个人所得税，个人所得税改革的进程就从未停止，而改革过程中的争议也从未停歇。个人所得税因为涉及广大人民群众切身利益，某些改革问题更是颇受关注。不论是免征额的提高和税率的调整这类显于表面的问题，还是课税模式或者地区差异这类涉及制度选择和法律严肃性的根本性问题，抑或因本次个人所得税改革所带来的诸如专项附加扣除的新问题，每一项都值得我们深入思考和研究。

1. 免征额设定是否合理

我国个人所得税免征额从1980年9月设定为800元，2006年1月调整为1600元，2008年3月调整为2000元，2011年9月调整为3500元，2018年10月调整为5000元。国家在设定标准综合考虑了人民群众消费支出水平增长等各方面因素，并体现了一定的前瞻性。从纳税个体来看，按此标准并结合税率结构调整测算，取得工资、薪金等综合所得的纳税人，总体上税负都有不同程度地下降，特别是中等以下收入群体税负下降明显，有利于增加居民收入、增强消费能力。从纳税群体来看，仅以基本减除费用标准提高到每月5000元这一项因素来测算，修法后个人所得税纳税人占城镇就业人员的比例将由44%降至15%。

当然，个人所得税法修订不能单纯地考虑一方面因素，而要综合考虑各方面要求。绝大多数纳税人认为，免征额设定得太低了，自己交的税太多。有一个笑谈，个人所得税的免征额设定在多少合适，有人认为免征额恰好等于我的工资收入最合适，这样我就不用交税了。很显然，这样的心理是不符合税收立法精神的。这次个人所得税改革将免征额提高至每月5000元，可能还有人觉得距离期望值还有一定的差距，但是本次改革除基本扣除费用外还有专项附加扣除，同时扩大中低收入者适用低税率的级距，因此对于个人所得税减负起到了积极作用。

2. 最高边际税率设定是否合理

我国个人所得税最低边际税率从5%调整至3%，税率级次从6级到9级再降为7级，但最高边际税率一直维持在45%。最高边际税率的设定需要兼顾两方面需要：一是引进人才和留住人才，二是保证收入分配的公平。

高边际税率会使得税后收入降低程度明显，不利于引进和留住人才。许多跨国公司在亚太地区的收入一半以上来自我国，但其亚太总部大部分设在中国香港地区、新加坡，主要原因就是我国个人所得税税率过高，达到邻近国家或地区的两倍多，同时也没有合理的退税、免税政策，使得不少企业和专业人才望而却步。

但是，税收作为调节收入分配的直接手段，又有其固有的职能。当前，我国收入分配差距较大，基尼系数常年在0.4这个国际警戒线之上，已经影响社会稳定和居民消费能力的扩大，亟须国家通过财政税收手段加以调节。因此，从公平角度来看，最高边际税率设置较高，通过制度设计来“抽肥补瘦”调节收入和减小贫富差距也有其必要性。

跟周边国家和地区相比，中国香港地区个人所得税的税率只有15%，新加坡为22%；跟发展中国家相比，俄罗斯只有13%，巴西为27.5%；跟发达国家相比，加拿大为33%，美国为45%。我国最高边际税率为45%，因此许多跨国企业将亚太地区总部设置在中国香港地区或者新加坡。所以，我国在兼顾税收公平和效率时，适当考虑调低个人所得税的最高边际税率。

3. 个人征收 VS 家庭征收

个人课税制，即以个人为课税单位，仅仅针对个人所得缴纳税款，而不考虑家庭其他成员的状况。如今采取这一模式的国家有中国、丹麦、芬兰、日本、新西兰等，这些国家中也有同时采用家庭课税制的。个人课税制体现了个人主义原则，也体现了婚姻中性原则，强调个人独立和夫妻双方相互独立，同时采取源泉扣缴方式且不需要了解整个家庭的情况，使其易于征管、征收，成本很低；但是个人课税制因为注重税收效率问题，忽略了纳税人家庭收入水平和税收负担，未能很好地解决横向公平的问题。

家庭课税制，即以家庭为纳税单位，将家庭成员中所有收入所得均纳入考虑，这一制度是“量能课税原则”的充分展现。这一模式强调了家庭在社会生活中的重要地位，是“税收公平原则”的良好实践，同时体现了横向公平和纵向公平，即具有相同纳税能力的家庭承担相同的税负，而不同纳税能力的家庭承担不同的税负；家庭课税制将纳税人全部所得纳入课征范围，使得原适用比例税率的所得改为适用累进税率，有利于进一步彰显累进税率的调节收入分配的功能；我国由于受传统文化的影响，家庭观念是根深蒂固的，家庭作为最基本的社会单位是不可改变的，因此家庭课税制更是良好的体现。但是该模式也在一定程度上破坏了婚姻中性原则，可能会引起婚姻歧视，从而发生一些因规避税款而破坏伦理的问题；征收管理上，主动申报和汇算清缴成为必要环节，因而对征收管理体系的配套提出了更高的要求，监管难度进一步增大。

4. 扣除项目够不够

专项扣除，包括居民个人按照国家规定的范围和标准缴纳的基本养老保险、基本医疗保险、失业保险等社会保险费和住房公积金等；专项附加扣除，包括子女教育、继续教育、大病医疗、住房贷款利息或者住房租金、赡养老人等支出。个人所得税改革后，应纳税所得额计算公式为：应纳税所得 = 年度收入 − 基本生计费用扣除 − 专项扣除 − 专项附加扣除 − 依法确定的其他扣除。

在已有的六项专项附加扣除的基础上，还有一些情况值得思考和研究。

第一，子女抚养费支出，即未成年或者已成年但身心存在障碍或者无谋生能力的子女的基本生活支出，尽管在专项附加扣除中已经设计有针对子女的教育支出扣除，但是未成年子女教育之外的支出、抚养已成年但存在身心障碍或者无谋生能力子女的支出也是纳税人日常生活开支中的重要组成部分，尤其是后者群体，尽管在全社会占比不高，但对每一个家庭来说这方面支出几乎占据家庭支出的很大比重，因此对这部分弱势群体有必要设置相应的扣除额。

第二，现行子女教育扣除中包含学前教育和学历教育，学前教育为3岁至小学入学前，因此0至3岁的幼儿群体被排除在外，实际上0至3岁阶段不是简单地喂养，在大脑发育的黄金年龄进行合理必要的早期教育对于孩子动作发展、语言习得和视听觉发展有重要意义，不少家庭在孩子早期教育阶段的投入也非常多，因此将这段年龄的教育支出排除在外不太合理。

第三，取得工资薪金收入的个人以自然人身份投资中小企业或者向中小企业借款，发生的投资亏损或者坏账损失可合理纳入专项附加扣除。目前，我国中小企业普遍存在融资难、融资贵的问题，在依靠专业金融机构解决他们融资问题的同时，自然人的投资或者借款也可以成为缓解这一情况的途径之一，但在发生亏损或者坏账损失时自然人的经济压力很大，因此通过合理途径和制度来减轻自然人的压力也会改善中小企业融资困境。

5. 地区差异问题难化解

在我国，各个省、直辖市、自治区等不同地区的经济发展水平、社会发展程度等有着极大的差别，地区之间不平衡的问题比较突出，地区之间人均收入水平和人均消费支出水平都有一定的差距，纳税人所面临的实际情况也不一致，诸如房价、住房租金、基本生活支出等都存在明显差异，但我国个人所得税在全国人大立法后在全国都采用统一的制度和标准，并未授权给地方人大对某些具体内容按本地区实际情况制定因地制宜的办法和标准。

纳税人普遍认为各项费用扣除标准不能“一刀切”，而应该考虑到不同地区之间的差异进行不同的设置。诚然，从纳税人自身角度考虑有其道理，因为相同的基本生计费用在不同地区能满足的生活水平不一致，购买同样面积的住房在不同城市的支出是不一样的，因此，个人所得税扣除项目的具体政策应考虑不同纳税人之间的公平问题，即必须考虑中国各地区发展不平衡的现实情况。

但是扣除项目区别对待的做法，目前阶段在法理和实际操作上都存在问题，值得我们深入思考。首先，这种“一刀切”的做法是税法统一性的内在要求，也是税法严肃性的体现，各地都因地制宜设置标准的做法显然与这两点是相悖的。从国外个人所得税法的实践上看，基本都是实行的统一标准，没有体现地区之间的差异性。因为个人所得税调节的是居民个人之间的收入分配，而不是调节地区之间收入差异性。在市场经济条件下，资本和劳动是在全国范围内流动的，全国统一市场的建立要求对流动性税基尽可能适用统一的税制。各地经济社会发展不均衡的问题，更多应依靠财政支出环节的转移支付等政策来实现。

其次，如果各个地区费用扣除标准不同，也可能会发生由费用扣除标准较高的企业发工资而人却在费用扣除标准较低的地区工作的情况，这种避税方式是很容易实现的。同理，在费用扣除标准高的地区注册公司，把单位的员工都放在这个公司的名下发工资，但常年并不在此地工作。在前述讨论最高边际税率时列举的国（地区）与国（地区）之间竞争情况，也会发生在一国内的不同省份，这样税法设定也不利于我国作为一个经济体在全球范围内参与国际竞争。另外，目前个人所得税收入中央和地方六四分成，如果大家都把职工放在费用扣除标准高的地区发工资，而这些地区往往又是发达地区，这样反而会影响经济欠发达地区的税收利益。且如果采取不同的费用扣除标准，对于纳税人汇算清缴多退少补的机制就存在挑战，难以执行。

1.3 新个人所得税改革影响有几何

1.3.1 个人所得税改革带来的积极影响

1. 推进个人所得税征收方式的改变

修订后的《个人所得税法》将工资、薪金所得，劳动报酬所得，特许权使用费所得和稿酬所得实行综合征收，对其他个人所得则仍然实行分类征收，这一改变在一定程度上推动了个人所得税征收方式由单一分类征收向综合与分类相结合征收方式的转变。

2. 减轻个人所得税负担，推动消费升级

《个人所得税法》自 2011 年修订以来，在长达七年的时间内都保持着工资、薪金所得 3500 元 / 月的免征额。根据国家税务总局的统计，2011 年我国个人所得税实现收入 6054.09 亿元，占税收总收入的比重为 6.7%，而到 2017 年我国个人所得税实现收入 11966 亿元，占税收总收入的比重上升为 8.2%。同时，我国城镇人口人均负担消费性支出已经从 2011 年的 2348 元 / 月上升到目前的 4200 元 / 月。因此，可以说 2011 年《个人所得税法》确定的 3500 元 / 月的免征额已经严重偏低，制约了我国当前居民的消费支出和升级。此次《个人所得税法》修订，从提高免征额、调整税率级距以及增加专项扣除项目等方面来减轻个人所得税税负，从而提高自然人的税后所得，有助于推动我国当前消费升级，促进经济可持续健康发展。

3. 将个人消费、家庭负担与个人所得税激励有机结合

新《个人所得税法》修订的重要亮点之一是增加了子女教育、继续教育、大病医疗、住房贷款利息或者住房租金、赡养老人等专项附加扣除费用。在专项附加扣除费用中，一部分是将个人消费与个人所得税有机结合，如继续教育和大病医疗在税前扣除，另一部分则是将家庭负担与个人所得税有机结合，如子女教育和赡养老人等。将个人消费和家庭负担与个人所得税激励政策有机结合起来，有助于进一步推进税收公平，促进社会的和谐发展。

4. 进一步体现了税收法定的原则

党的十八届四中全会提出了依法治国和税收立法的明确任务。此次《个人所得税法》的修订是税收法定原则在《个人所得税法》中的进一步体现，主要体现在以下几个方面：第一，在个人所得的形式上，取消了对“经国务院财政部门确定征税的其他所得”征收个人所得税的规定，意味着对未在新《个人所得税法》中规定的所得形式则不能再以行政法规或行政规章的形式进行征税；第

二，在减免征个人所得税的项目上，对“国务院规定的其他免税所得”和国务院规定的其他减征个人所得税情形均需由国务院报全国人民代表大会常务委员会备案后才能实施；第三，明确规定国务院对储蓄存款利息所得开征、减征、停征个人所得税也需要报全国人民代表大会常务委员会备案后才能实施。

5. 考虑了地区差异因素

新《个人所得税法》规定，减征项目的具体幅度和期限由省、自治区、直辖市人民政府规定，并报同级人民代表大会常务委员会备案，这样有利于地方政府根据实际情况做出减征个人所得税的决定，及时对减征项目的幅度和期限进行调整。

1.3.2 个人所得税改革的制约因素

1. 纳税人数大幅度减少的不利影响

西南财经大学中国家庭金融调查与研究中心的一项报告显示，基于我国个人收入分布数据的推算结果表明，2017 年中国个人所得税缴纳人数已经达到了 1.53 亿人。

2018 年 8 月 31 日，财政部副部长程丽华在回答关于个人所得税起征点的问题时表示，“仅以基本减除费用标准提高到每月 5000 元这一项因素来测算，修法后个人所得税的纳税人占城镇就业人员的比例将由现在的 44% 降至 15%”。根据我国人力资源和社会保障部发布的《2017 年度人力资源和社会保障事业发展统计公报》中的数据，截至 2017 年年末，中国城镇就业人员为 4.2462 亿人。因此我们可以推出，个人所得税改革前我国的个人所得税的纳税人数约为 1.87 亿人，个人所得税改革后，个人所得税的纳税人数约为 6400 万人，将减少约 1.23 亿人。个人所得税纳税人数推算具体如表 1-1 所示。

表 1-1　个人所得税纳税人数推算

	2017 年年末城镇就业人员（亿人）	个人所得税的纳税人占城镇就业人员的比例	个人所得税纳税人数估计值（亿人）	个人所得税纳税人数变化量绝对值（亿人）
修法前	4.2462	44%	1.8683	1.2314
修法后		15%	0.6369	

此外，本次个人所得税改革增加了六项专项扣除项目，这实际上导致了起征点的进一步上升。假定家庭平均的三大专项附加扣除为 5000 元左右，这等价于实际的起征点为 10000 元。考虑到前次起征点导致纳税人数降为 1/3，保守估计此次改革将导致未来的个人所得税纳税人数减少到 5000 万人以下。

5000 万人的纳税人数与 4.2 亿人的城镇就业人员相比来看，个人所得税税改后的纳税人数仅占城镇就业人员的 12% 左右。即使个人所得税的累进性再强，也只能影响这 12% 的就业人口，其调节收入分配的作用就显得非常尴尬。此外，纳税人数减少的问题会进一步导致个人所得税从属地位弱化、地区税收贡献差异进一步拉大。

此外从地域来看，个人所得税的地区征收差异比较明显。北京市、上海市、江苏省与广东省四个省级单位贡献了超过一半的个人所得税税收收入。随着此次个人所得税改革的展开，这种地区差异会进一步明显，实际起征点的提高使得经济落后地区的个人所得税贡献将进一步下降，这种地区上的“极化”也会有损个人所得税的公平性。此外，考虑到个人所得税共享税的性质，地方来源于个人所得税的收入会大大下降，这也会对地方财政造成一定的压力。

2. 个人所得税设计对资本所得的调节力度不够

目前，在我国个人所得税制度设计中，对于劳动性所得普遍实施的是超额累进税率制，而对于资本性所得，如个人股权转让所得、股息红利所得等，则实施 20% 的比例税率制，很显然这一税制设计是不公平的。同等金额的一项收入，只因资本所得与劳动所得的不同而导致税负差距悬殊，这便利了富裕阶层，使他们能够获取更多的税后资本所得。而中低收入阶层，虽然只有小额投资，却要负担同一税率的税负，这对他们取得财产性收入是一种限制。此外，对于资本性收入过于宽松的个人所得税政策也为某些纳税人逃税漏税带来了机会。这一行为不仅造成了国家税收收入的流失，也极大地损害了中小股东的权益。

改革开放四十年，我国已经完成了相当程度的物质资本积累，而人力资本则成了稀缺资源，这从我国各省市开展的“抢人大战”现象就可见一斑。当经济增长越来越依靠人的因素，就需要优化人才发展环境，通过降低劳动所得的相对税负，使之低于资本所得，才能够达到激励创新、鼓励劳动的目的。

第二章

个人所得税隆重登场

——初识庐山真面目

中国古代典籍《尚书·禹贡》中有这样一段话："九州攸同，四隩既宅，九山刊旅，九川涤源，九泽既陂，四海会同。六府孔修，庶土交正，厎慎财赋，咸则三壤成赋。"这段话的大意是：九州统一，四方的土地都可以居住了，九条山脉都伐木修路可以通行了，九条河流都疏通，九个湖泽都修筑了堤防，四海之内进贡的道路都畅通无阻了。水火金木土谷六府都治理得很好，各处的土地都要征收赋税，并且规定慎重征取财物赋税，都要根据土地的上中下三等来确定它。依据《尚书·禹贡》的记载可知，大禹开山治水，划分九州，并详细制定了各州范围、土地情况及赋税等级。我们就此推断，我国很有可能在夏禹时代就已经有了税收的雏形。

2.1 个人所得税的含义

个人所得税，顾名思义，就是指个人就其所拿到的所得收入而需要缴纳的税款。这里有两个要点可以让我们更好地理解个人所得税。

1. 主体为个人

甲公司派其员工小李到张老板的乙公司做事，张老板支付了相应的报酬，这笔报酬要不要扣缴个人所得税呢？这就要根据报酬的给付方式决定是否扣缴个人所得税。如果是张老板直接给付甲公司的话当然就无须扣缴了，因为取得收入的主体是甲公司，而非个人；如果张老板直接将报酬给付了小李，而且小李是以个人而非公司的名义收钱的话，那么这笔收入就需要扣缴个人所得税了。这就是主体的判定。

2. 征收对象仅限于所得

有一些收入看上去貌似是要征收个人所得税的，但是如果个人没有获得实际的利益，那么也就是说没有所谓的“所得”，就不用征收个人所得税了，如刚刚取得的还没有行权的股票期权。另外，有些收入虽然是个人取得，但税务机关不认为它是“所得”，也不用征税，如某些特殊赔偿。

此外，我国个人所得税的讨论还涉及管辖权的问题，拥有管辖权才能进行个人所得税征管。我国《个人所得税法》第一条第一款规定：“在中国境内有住所，或者无住所而一个纳税年度内在中国境内居住累计满一百八十三天的个人，为居民个人。居民个人从中国境内和境外取得的所得，依照本法规定缴纳个人所得税。”

在中国境内无住所又不居住，或者无住所而一个纳税年度内在中国境内居住累计不满一百八十三天的个人，为非居民个人。非居民个人从中国境内取得的所得，依照本法规定缴纳个人所得税。

这里我们先做一个简单的理解，中国的税收居民应该就其全球所得纳税，非中国居民仅就在中国境内的所得纳税。诚然，在实务中这部分设计较为复杂，我们在下文中详细介绍。

2.2 个人所得税的基本税制要素

目前，我国个人所得税的基本要素包括：纳税人、征税范围、纳税时间、纳税地点、税收优惠、适用税率等。

2.2.1 纳税义务人

1. 居民纳税人与非居民纳税人

由于中国对个人所得课税同时行使居民管辖权和所得来源地管辖权，因而在纳税人的界定问题上，关键是要合理确定居民纳税人和非居民纳税人以及所得来源地。

前面说到，凡在中国境内有住所，或者无住所而在一个纳税年度内在中国境内居住累计满一百八十三天的个人，为居民个人，负有全面纳税的义务。其从中国境内和境外取得的所得，均应在中国缴纳个人所得税。以上所述在中国境内有住所的个人，是指因户籍、家庭、经济利益关系等原因而在中国境内习惯性居住的个人。

在中国境内无住所又不居住，或者无住所而一个纳税年度内在中国境内居住累计不满一百八十三天的个人，为非居民个人，负有有限纳税义务，只就其从中国境内取得的所得在中国缴纳个人所得税。

表 2–1 个人所得税纳税人及纳税义务

所得来源	境内所得	境外所得
居民纳税人	征	征
非居民纳税人	征	不征

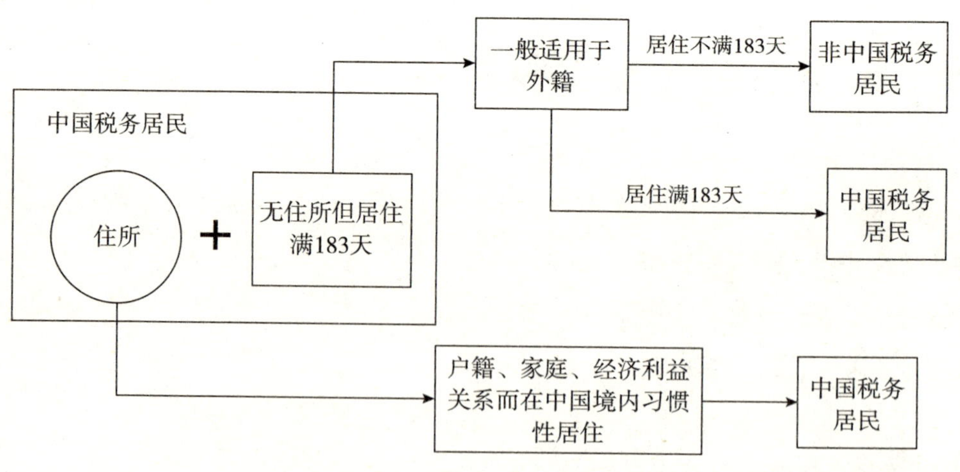

图 2–1 中国税务居民规则

这里所称居住满 183 天，税法实施条例将其规定为在一个纳税年度内在中国境内居住满 183 天。中国个人所得税的纳税年度为公历纪年，即为公历的 1 月 1 日至 12 月 31 日。无住所个人一个纳税年度内在中国境内累计居住天数，按照个人在中国境内累计停留的天数计算。在中国境内停留的当天满 24 小时的，计入中国境内居住天数，在中国境内停留的当天不足 24 小时的，不计入中国境内居住天数。

李先生为中国香港居民，在深圳工作，每周一早上来深圳上班，周五晚上回香港。周一和周五当天停留都不足 24 小时，因此不计入境内居住天数，再加上周六、周日 2 天也不计入，这样，每周可计入的天数仅为 3 天，按全年 52 周计算，李先生全年在境内居住天数为 156 天，未超过 183 天，不构成居民个人，李先生取得的全部境外所得，就可免缴个人所得税。

2. 所得来源地的判定

由于中国个人所得税法对居民纳税人来源于全球的所得都征税，而对非居民纳税人来源于中国境内的所得征税。加上，现行税法对居民纳税人来源于中国境外所得已在境外缴纳的个人所得税税款，允许其在中国纳税时，从该项境外所得依照中国税法规定计算出的应纳个人所得税税款中扣除。因此，准确划分境内、境外所得显得非常重要。

根据《个人所得税法实施条例》第三条，除国务院财政、税务主管部门另有规定外，下列所得，不论支付地点是否在中国境内，均为来源于中国境内的所得：

（1）因任职、受雇、履约等在中国境内提供劳务取得的所得；

（2）将财产出租给承租人在中国境内使用而取得的所得；

（3）许可各种特许权在中国境内使用而取得的所得；

（4）转让中国境内的不动产等财产或者在中国境内转让其他财产取得的

所得；

（5）从中国境内企业、事业单位、其他组织以及居民个人取得的利息、股息、红利所得。

3. 外籍人员纳税义务的特殊处理

为了保持税收政策的连续性，进一步促进对外经济合作和技术交流，鼓励外籍人才来华从事经济、技术工作，现行税法保留了修订前税法对外籍人员的部分税收优惠，对其纳税义务进行了特殊处理。

（1）外籍居民纳税人境外所得的纳税问题。

在中国境内无住所的个人，在中国境内居住累计满 183 天的年度连续不满六年的，经向主管税务机关备案，其来源于中国境外且由境外单位或者个人支付的所得，免予缴纳个人所得税；在中国境内居住累计满 183 天的任一年度中有一次离境超过 30 天的，其在中国境内居住累计满 183 天的年度的连续年限重新起算。

根据规定，前款所称此前六年，是指该纳税年度的前一年至前六年的连续六个年度，此前六年的起始年度自 2019 年（含）以后年度开始计算。即按照规定，在境内居住累计满 183 天的年度连续“满六年”的起点，是自 2019 年（含）以后年度开始计算，2018 年（含）之前已经居住的年度一律“清零”，不计算在内。按此规定，2024 年（含）之前，所有无住所个人在境内居住年限都不满六年，其取得境外支付的境外所得都能享受免税优惠。此外，自 2019 年起任一年度如果有单次离境超过 30 天的情形，此前连续年限“清零”，重新计算。

假设张先生为中国香港居民，2013 年 1 月 1 日来深圳工作，2026 年 8 月 30 日回到香港工作，在此期间，除 2025 年 2 月 1 日至 3 月 15 日临时回香港处理公务外，其余时间一直停留在深圳。

张先生在境内居住累计满 183 天的年度，如果从 2013 年开始计算，实际上已经满六年，但是由于 2018 年之前的年限一律“清零”，自2019年开始计算。因此，2019年至2024年，张先生在境内居住累计满183天的年度连续不满六年，其取得的境外支付的境外所得，就可免缴个人所得税。

2025年，张先生在境内居住满183天，且从2019年开始计算，他在境内居住累计满183天的年度已经连续满六年（2019年至2024年），且没有单次离境超过30天的情形，2025年，张先生应就在境内和境外取得的所得缴纳个人所得税。

2026年，由于张先生2025年有单次离境超过30天的情形（2025年2月1日至3月15日），其在内地居住累计满183天的连续年限清零，重新起算，2026年当年张先生取得的境外支付的境外所得，可以免缴个人所得税。

（2）外籍非居民纳税人境内所得的纳税问题。

在中国境内无住所的个人，一个纳税年度内在中国境内居住累计不超过90天的，其来源于中国境内的所得，由境外雇主支付并且不由该雇主在中国境内的机构、场所负担的部分，免予缴纳个人所得税。这是考虑到这些外籍人员在华提供劳务时间较短，且其报酬又是由境外雇主支付并负担，参考一些国家的通常做法，个人所得税法实施条例对此给予了适当优惠。

（3）担任中国境内企业董事或高层管理职务的特殊规定。

在一个纳税年度内，在境内累计居住不超过90天的高管人员，其取得由境内雇主支付或者负担的工资薪金所得应当计算缴纳个人所得税；不是由境内雇主支付或者负担的工资薪金所得，不缴纳个人所得税。当月工资薪金收入额为当月境内支付或者负担的工资、薪金收入额。在一个纳税年度内，在境内居住累计超过90天但不满183天的高管人员，其取得的工资、薪金所得，除归属于境外工作期间且不是由境内雇主支付或者负担的部分外，应当计算缴纳个人所得税。

表 2-2　境内外所得是否征收个人所得税一览表

纳税人	居住时间	雇员职位	境内所得		境外所得	
			境内支付	境外支付	境内支付	境外支付
非居民纳税人	90 日以内	一般雇员	√			
		高层管理人员	√		√	
	90 日（含）到 183 天	一般雇员	√	√		
		高层管理人员	√	√	√	
居民纳税人	183 天（含）到 6 年	所有人	√	√	√	
	6 年及以上	所有人	√	√	√	√

4. 无住所个人工资薪金所得收入额计算

根据《财政部　税务总局关于非居民个人和无住所居民个人有关个人所得税政策的公告》（财政部　税务总局公告 2019 年第 35 号），无住所个人（区分高管与非高管）工资、薪金收入额的计算如表 2-3、表 2-4 所示。

表 2-3　无住所个人（非高管）工资薪金收入额计算

居民类型	一个纳税年度内在中国境内累计居住时间	工资薪金收入额计算口径
非居民个人	不超过 90 天	当月工资薪金收入额 = 当月境内外工资薪金总额 $\times \frac{\text{当月境内支付工资薪金总额}}{\text{当月境内外工资薪金总额}} \times \frac{\text{当月工资薪金所属工作期间境内工作天数}}{\text{当月工资薪金所属工作期间公历天数}}$（公式 1）
	超过 90 天不满 183 天	当月工资薪金收入额 = 当月境内外工资薪金总额 $\times \frac{\text{当月工资薪金所属工作期间境内工作天数}}{\text{当月工资薪金所属工作期间公历天数}}$（公式 2）
居民个人	满 183 天，但境内居住累计满 183 天的年度连续不满六年	当月工资薪金收入额 = 当月境内外工资薪金总额 $\times (1-\frac{\text{当月境外支付工资薪金数额}}{\text{当月境内外工资薪金总额}} \times \frac{\text{当月工资薪金所属工作期间境外工作天数}}{\text{当月工资薪金所属工作期间公历天数}})$
	满 183 天，且境内居住累计满 183 天的年度连续满六年	境内、境外取得的全部工资薪金所得均应计算缴纳个人所得税

表 2-4　无住所个人（高管）工资薪金收入额计算

居民类型	一个纳税年度内在中国境内累计居住时间	工资薪金收入额计算口径
非居民个人	不超过 90 天	由境内雇主支付或者负担的工资薪金所得
	超过 90 天不满 183 天	当月工资薪金收入额 = 当月境内外工资薪金总额 $\times$（1- $\frac{当月境外支付工资薪金数额}{当月境内外工资薪金总额}$ $\times$ $\frac{当月工资薪金所属工作期间境外工作天数}{当月工资薪金所属工作期间公历天数}$）
居民个人	满 183 天，但境内居住累计满 183 天的年度连续不满六年	与无住所非高管个人相同
	满 183 天，且境内居住累计满 183 天的年度连续满六年	与无住所非高管个人相同

5. 无住所个人税款计算

（1）关于无住所居民个人税款计算的规定。

无住所居民个人取得综合所得，年度终了后，应按年计算个人所得税；有扣缴义务人的，由扣缴义务人按月或者按次预扣预缴税款；需要办理汇算清缴的，按照规定办理汇算清缴，年度综合所得应纳税额计算公式如下：

年度综合所得应纳税额 =（年度工资薪金收入额 + 年度劳务报酬收入额 + 年度稿酬收入额 + 年度特许权使用费收入额 – 减除费用 – 专项扣除 – 专项附加扣除 – 依法确定的其他扣除）× 适用税率 – 速算扣除数

无住所居民个人为外籍个人的，2022 年 1 月 1 日前计算工资薪金收入额时，已经按规定减除住房补贴、子女教育费、语言训练费等八项津补贴的，不能同时享受专项附加扣除。

年度工资薪金、劳务报酬、稿酬、特许权使用费收入额分别按年度内每月工资薪金以及每次劳务报酬、稿酬、特许权使用费收入额合计数额计算。

（2）关于非居民个人税款计算的规定。

非居民个人当月取得工资、薪金所得，以按照本公告第二条规定计算的当月收入额，减去税法规定的减除费用后的余额，为应纳税所得额，适用本公告所附按月换算后的综合所得税率表（以下简称月度税率表）计算应纳税额。

非居民个人一个月内取得数月奖金，单独按照本公告第二条规定计算当月收入额，不与当月其他工资薪金合并，按6个月分摊计税，不减除费用，适用月度税率表计算应纳税额，在一个公历年度内，对每一个非居民个人，该计税办法只允许适用一次。计算公式如下：当月数月奖金应纳税额＝［（数月奖金收入额 ÷6）× 适用税率－速算扣除数］×6。

非居民个人一个月内取得股权激励所得，单独按照本公告第二条规定计算当月收入额，不与当月其他工资薪金合并，按6个月分摊计税（一个公历年度内的股权激励所得应合并计算），不减除费用，适用月度税率表计算应纳税额，计算公式如下：当月股权激励所得应纳税额＝［（本公历年度内股权激励所得合计额 ÷6）× 适用税率－速算扣除数］×6－本公历年度内股权激励所得已纳税额。

非居民个人取得来源于境内的劳务报酬所得、稿酬所得、特许权使用费所得，以税法规定的每次收入额为应纳税所得额，适用月度税率表计算应纳税额。

6. 关于无住所个人相关征管规定

根据《财政部　税务总局关于非居民个人和无住所居民个人有关个人所得税政策的公告》（财政部　税务总局公告2019年第35号）相关规定，关于无住所个人相关征管规定如下。

（1）关于无住所个人预计境内居住时间的规定。

无住所个人在一个纳税年度内首次申报时，应当根据合同约定等情况预计一个纳税年度内境内居住天数以及在税收协定规定的期间内境内停留天数，按照预计情况计算缴纳税款。实际情况与预计情况不符的，分别按照以下规定处理：

无住所个人预先判定为非居民个人，因延长居住天数达到居民个人条件的，一个纳税年度内税款扣缴方法保持不变，年度终了后按照居民个人有关规定办理汇算清缴，但该个人在当年离境且预计年度内不再入境的，可以选择在离境之前办理汇算清缴。

无住所个人预先判定为居民个人，因缩短居住天数不能达到居民个人条件的，在不能达到居民个人条件之日起至年度终了 15 天内，应当向主管税务机关报告，按照非居民个人重新计算应纳税额，申报补缴税款，不加收税收滞纳金。需要退税的，按照规定办理。

无住所个人预计一个纳税年度境内居住天数累计不超过 90 天，但实际累计居住天数超过 90 天的，或者对方税收居民个人预计在税收协定规定的期间内境内停留天数不超过 183 天，但实际停留天数超过 183 天的，待达到 90 天或者 183 天的月度终了后 15 天内，应当向主管税务机关报告，就以前月份工资薪金所得重新计算应纳税款，并补缴税款，不加收税收滞纳金。

（2）关于无住所个人境内雇主报告境外关联方支付工资薪金所得的规定。

无住所个人在境内任职、受雇取得来源于境内的工资薪金所得，凡境内雇主与境外单位或者个人存在关联关系，将本应由境内雇主支付的工资薪金所得，部分或者全部由境外关联方支付的，无住所个人可以自行申报缴纳税款，也可以委托境内雇主代为缴纳税款。无住所个人未委托境内雇主代为缴纳税款的，境内雇主应当在相关所得支付当月终了后 15 天内向主管税务机关报告相关信息，包括境内雇主与境外关联方对无住所个人的工作安排、境外支付情况以及无住所个人的联系方式等信息。

2.2.2　征税范围

个人所得税征税范围可以分为四类，分别是综合所得、经营所得、财产性所得、偶然所得。居民个人工资、薪金所得，劳务报酬所得，稿酬所得，特许权使用费所得等合称为综合所得，按纳税年度合并计算个人所得税。非居民个人取得综合所得，按月或者按次分项计算个人所得税。纳税人取得除综合所得外的经营所得、财产性所得及偶然所得，依照新《个人所得税法》的规定分别计算个人所得税。

1. 综合所得

（1）工资、薪金所得。

工资、薪金所得，是指个人因任职或者受雇取得的工资、薪金、奖金、年终加薪、劳动分红、津贴、补贴以及与任职或者受雇有关的其他所得。支付所得的单位或个人与所得人之间存在相对稳定的雇佣与被雇佣关系。

除工资、薪金外，奖金、年终加薪、劳动分红、津贴、补贴也被确定为工资、薪金范畴。其中，年终加薪、劳动分红不分种类和取得情况，一律按工资、薪金所得课税。

（2）劳务报酬所得。

劳务报酬所得，是指个人从事劳务取得的所得，包括从事设计、装潢、安装、制图、化验、测试、医疗、法律、会计、咨询、讲学、翻译、审稿、书画、雕刻、影视、录音、录像、演出、表演、广告、展览、技术服务、介绍服务、经纪服务、代办服务以及其他劳务取得的所得。

劳务报酬所得是个人独立从事各种技艺，提供各项劳务所取得的报酬，支付所得的单位或个人与所得人之间不存在相对稳定的雇佣与被雇佣关系。

（3）稿酬所得。

稿酬所得，是指个人因其作品以图书、报刊等形式出版、发表而取得的所得。这里所说的作品，包括文学作品、书画作品、摄影作品以及其他作品。作者去世后，财产继承人取得的遗作稿酬，亦应征收个人所得税。

（4）特许权使用费所得。

特许权使用费所得，是指个人提供专利权、商标权、著作权、非专利技术以及其他特许权的使用权取得的所得；提供著作权的使用权取得的所得，不包括稿酬所得。

劳务报酬所得、稿酬所得、特许权使用费所得，属于一次性收入的，以取得该项收入为一次进行确认；属于同一项目连续性收入的，以一个月内取得的收入为一次进行确认。

2. 经营所得

（1）个体工商户从事生产、经营活动取得的所得，个人独资企业投资人、合伙企业的个人合伙人来源于境内注册的个人独资企业、合伙企业生产、经营的所得；

（2）个人依法从事办学、医疗、咨询以及其他有偿服务活动取得的所得；

（3）个人对企业、事业单位承包经营、承租经营以及转包、转租取得的所得；

（4）个人从事其他生产、经营活动取得的所得。

3. 其他所得

（1）利息、股息、红利所得。

利息、股息、红利所得，是指个人拥有债权、股权等而取得的利息、股息、红利所得。以支付利息、股息、红利时取得的收入为一次进行确认。

其中，利息一般是指存款、贷款和债券的利息。股息、红利合称为股利，是指个人拥有股权取得的公司、企业分红。按照一定的比率派发的每股息金，称为股息；根据公司、企业应分配的、超过股息部分的利润，按股派发的红利，称为红利。

（2）财产租赁所得。

财产租赁所得，是指个人出租不动产、机器设备、车船以及其他财产取得的所得。以一个月内取得的收入为一次进行确认。

个人取得的财产转租收入，属于“财产租赁所得”的征税范围，由财产转租人缴纳个人所得税。在确认纳税义务人时，应以产权凭证为依据；对无产权凭证的，由主管税务机关根据实际情况确定。产权所有人死亡，在未办理产权继承手续期间，该财产出租而有租金收入的，以领取租金的个人为纳税义务人。

（3）财产转让所得。

财产转让所得，是指个人转让有价证券、股权、合伙企业中的财产份额、不动产、机器设备、车船以及其他财产取得的所得。

在现实生活中，个人进行的财产转让主要是个人财产所有权的转让。财产转让实际上是一种买卖行为，当事人双方通过签订、履行财产转让合同，形成财产买卖的法律关系，使出让财产的个人从对方取得价款（收入）或其他经济利益。财产转让所得因其性质的特殊性，需要单独列举项目征税。对个人所得的各项财产转让所得，除股票转让所得外，都要征收个人所得税。

（4）偶然所得。

偶然所得，是指个人得奖、中奖、中彩以及其他偶然性质的所得。以每次取得该项收入为一次进行确认。

个人取得的所得，难以界定应纳税所得项目的，由国务院税务主管部门确定。

个人所得税是一个非常典型的“实质重于形式”的税种。无论是作为征税机关还是纳税人，在判断所得来源应该按照哪一类税目来交税时，都应该依据这项收入的实质来判断。

著名小品演员赵丽蓉大妈曾在春晚的舞台上挥毫写下笔法苍劲的四个大字“货真价实”，获得观众的一致好评。现在我们就借此虚构一个个场景来看看个人所得税税目如何讲求“实质重于形式”原则。

假设赵大妈受雇于中央电视台，在出演中央电视台负责制作的春晚小品节目中写下了“货真价实”这一墨宝作为演出道具，小品演出大获成功，观众对这一墨宝反响热烈，之后电视台因此给了赵大妈1万元奖金。那么这1万元的奖金所得就是典型的工资薪金所得。

后来，因为这幅墨宝的出名，赵大妈出来单干，成立了一个赵大妈工作室（个体工商户），第一年赵大妈专门写“货真价实”这幅墨宝，一年的收入减去相关开支，所得1万元，那么这1万元所得就属于个体工商户的经营所得了。

有一天，赵大妈到一个饭馆吃饭，觉得这家饭馆价格实惠，口味鲜美，赞不绝口，饭馆老板顺势请求赵大妈题字宣传，于是赵大妈欣然挥毫在饭馆的墙上写下了“货真价实”四个大字，饭馆老板给了赵大妈 1 万元报酬，此处的 1 万元报酬就是典型的劳务报酬所得了。

鉴于赵大妈“货真价实”这四个字写得炉火纯青，北京日报专门选了一幅刊登在该报一个专栏上，并支付了赵大妈 1 万元稿酬，这 1 万元即为稿酬所得。

后来赵大妈写的“货真价实”越来越出名，便专门注册了一个商标，被之前饭馆的老板看上便花了 1 万元买了赵大妈这一商标的两年使用权，这 1 万元就是特许权使用费所得。

一年后，饭馆老板将剩余期限的商标使用权转让给了一家药店，拿到了 5000 元的差价，那么这 5000 元就是典型的财产转让所得。

举这个例子就是想告诉读者，在个人所得税实务中，所得的实质比形式更为重要，这是判定个人所得税纳税义务的关键所在。

2.2.3　纳税时间

居民个人取得综合所得，按年计算个人所得税；有扣缴义务人的，由扣缴义务人按月或者按次预扣预缴税款；需要办理汇算清缴的，应当在取得所得的次年三月一日至六月三十日内办理汇算清缴。预扣预缴办法由国务院税务主管部门制定。

居民个人向扣缴义务人提供专项附加扣除信息的，扣缴义务人按月预扣预缴税款时应当按照规定予以扣除，不得拒绝。

非居民个人取得综合所得（工资、薪金所得，劳务报酬所得，稿酬所得和特许权使用费所得），有扣缴义务人的，由扣缴义务人按月或者按次代扣代缴税款，不办理汇算清缴。

纳税人取得经营所得，按年计算个人所得税，由纳税人在月度或者季度终了后十五日内向税务机关报送纳税申报表，并预缴税款；在取得所得的次年三月三十一日前办理汇算清缴。

纳税人取得利息、股息、红利所得，财产租赁所得，财产转让所得和偶然所得，按月或者按次计算个人所得税，有扣缴义务人的，由扣缴义务人按月或者按次代扣代缴税款。

纳税人取得应税所得没有扣缴义务人的，应当在取得所得的次月十五日内向税务机关报送纳税申报表，并缴纳税款。

纳税人取得应税所得，扣缴义务人未扣缴税款的，纳税人应当在取得所得的次年六月三十日前，缴纳税款；税务机关通知限期缴纳的，纳税人应当按照期限缴纳税款。

居民个人从中国境外取得所得的，应当在取得所得的次年三月一日至六月三十日内申报纳税。

非居民个人在中国境内从两处以上取得工资、薪金所得的，应当在取得所得的次月十五日内申报纳税。

纳税人因移居境外注销中国户籍的，应当在注销中国户籍前办理税款清算。

扣缴义务人每月或者每次预扣、代扣的税款，应当在次月十五日内缴入国库，并向税务机关报送扣缴个人所得税申报表。

纳税人办理汇算清缴退税或者扣缴义务人为纳税人办理汇算清缴退税的，税务机关审核后，按照国库管理的有关规定办理退税。

2.2.4 纳税地点

纳税人办理纳税申报的地点以及其他有关事项的具体办法，由国务院税务主管部门制定。

1. 个人所得税自行申报的，其申报地点一般应为收入来源地的主管税务机关。

2. 纳税人从两处或两处以上取得工资、薪金的，可选择并固定在其中一所税务机关申报纳税。

3. 从境外取得所得的，应向其境内户籍所在地或经营居住地税务机关申报纳税。

4. 扣缴义务人应向其主管税务机关进行纳税申报。

5. 纳税人要求变更申报纳税地点的，须经原主管税务机关批准。

2.2.5　税收优惠

根据《个人所得税法》第四条，下列各项个人所得，免征个人所得税：

（1）省级人民政府、国务院部委和中国人民解放军军以上单位，以及外国组织、国际组织颁发的科学、教育、技术、文化、卫生、体育、环境保护等方面的奖金；

（2）国债和国家发行的金融债券利息；

（3）按照国家统一规定发给的补贴、津贴；

（4）福利费、抚恤金、救济金；

（5）保险赔款；

（6）军人的转业费、复员费、退役金；

（7）按照国家统一规定发给干部、职工的安家费、退职费、基本养老金或者退休费、离休费、离休生活补助费；

（8）依照有关法律规定应予免税的各国驻华使馆、领事馆的外交代表、领事官员和其他人员的所得；

（9）中国政府参加的国际公约、签订的协议中规定免税的所得；

（10）国务院规定的其他免税所得（由国务院报全国人民代表大会常务委员会备案）。

其中，《个人所得税法》第四条第一款第（二）项所称国债利息，是指个人持有中华人民共和国财政部发行的债券而取得的利息；所称国家发行的金融债券利息，是指个人持有经国务院批准发行的金融债券而取得的利息。

《个人所得税法》第四条第一款第（三）项所称按照国家统一规定发给的补贴、津贴，是指按照国务院规定发给的政府特殊津贴、院士津贴，以及国务院规定免予缴纳个人所得税的其他补贴、津贴。

《个人所得税法》第四条第一款第（四）项所称福利费，是指根据国家有关规定，从企业、事业单位、国家机关、社会组织提留的福利费或者工会经费中支付给个人的生活补助费；所称救济金，是指各级人民政府民政部门支付给个人的生活困难补助费。

《个人所得税法》第四条第一款第（八）项所称依照有关法律规定应予免税的各国驻华使馆、领事馆的外交代表、领事官员和其他人员的所得，是指依照《外交特权与豁免条例》和《领事特权与豁免条例》规定免税的所得。

根据《个人所得税法》第五条，有下列情形之一的，可以减征个人所得税，具体幅度和期限，由省、自治区、直辖市人民政府规定，并报同级人民代表大会常务委员会备案：

（1）残疾、孤老人员和烈属的所得；

（2）因自然灾害遭受重大损失的。

国务院可以规定其他减税情形，报全国人民代表大会常务委员会备案。

2.2.6 税率

为了适应综合与分类相结合的税制要求，合理调节个人收入，同时尽可能创造公平竞争的税收环境，中国现行个人所得税法对不同应税所得项目分别采用了超额累进税率和比例税率。

超额累进税率的实质是将全部应税所得额分割成若干个等级，仅就各级的超过部分，适用较高一级税率。它具有收入额越大，适用税率越高，税负越重的特点。采用这一税率，可以较好地发挥个人所得税调节个人收入、缓解社会分配不公的矛盾，同时可以增加国家财政收入。而比例税率则是不管应纳税所得额的多少，固定适用同一比例征税。它具有计算简便，税负直观的特点。

1. 超额累进税率

（1）综合所得，适用百分之三至百分之四十五的七级超额累进税率。

表 2–5　综合所得税率表

级数	全年应纳税所得额	税率（%）	速算扣除数
1	不超过 36000 元的	3	0
2	超过 36000 元至 144000 元的部分	10	2520
3	超过 144000 元至 300000 元的部分	20	16920
4	超过 300000 元至 420000 元的部分	25	31920
5	超过 420000 元至 660000 元的部分	30	52920
6	超过 660000 元至 960000 元的部分	35	85920
7	超过 960000 元的部分	45	181920

注 1：全年应纳税所得额是指居民个人取得综合所得以每一纳税年度收入额减除费用 60000 元以及专项扣除、专项附加扣除和依法确定的其他扣除后的余额。

注 2：非居民个人取得工资、薪金所得，劳务报酬所得，稿酬所得和特许权使用费所得，依照本表按换算后的速算扣除数计算应纳税额。

表 2–6　居民个人工资、薪金所得预扣预缴适用

级数	累计预扣预缴应纳税所得额	税率（%）	速算扣除数
1	不超过 36000 元的	3	0
2	超过 36000 元至 144000 元的部分	10	2520
3	超过 144000 元至 300000 元的部分	20	16920
4	超过 300000 元至 420000 元的部分	25	31920
5	超过 420000 元至 660000 元的部分	30	52920
6	超过 660000 元至 960000 元的部分	35	85920
7	超过 960000 元的部分	45	181920

表 2-7　居民个人劳务报酬所得预扣预缴适用

级数	预扣预缴应纳税所得额	预扣率（%）	速算扣除数
1	不超过 20000 元	20	0
2	超过 20000 元至 50000 元的部分	30	2000
3	超过 50000 元的部分	40	7000

（2）经营所得，适用百分之五至百分之三十五的五级超额累进税率。

表 2-8　经营所得税率表

级数	全年应纳税所得额	税率（%）
1	不超过 30000 元的	5
2	超过 30000 元至 90000 元的部分	10
3	超过 90000 元至 300000 元的部分	20
4	超过 300000 元至 500000 元的部分	30
5	超过 500000 元的部分	35

注：本表所称全年应纳税所得额是指以每一纳税年度的收入总额减除成本、费用以及损失后的余额。

（3）非居民个人工资、薪金所得、劳务报酬所得、稿酬所得、特许权使用费所得适用。

表 2-9　非居民个人所得税税率表

级数	全月应纳税所得额	税率	速算扣除数
1	不超过 3000 元的	3%	0
2	超过 3000 元至 12000 元的部分	10%	210
3	超过 12000 元至 25000 元的部分	20%	1410
4	超过 25000 元至 35000 元的部分	25%	2660

续表

级数	全月应纳税所得额	税率	速算扣除数
5	超过 35000 元至 55000 元的部分	30%	4410
6	超过 55000 元至 80000 元的部分	35%	7160
7	超过 80000 元的部分	45%	15160

2. 比例税率

利息、股息、红利所得，财产租赁所得，财产转让所得和偶然所得，适用比例税率，税率为百分之二十。

2.2.7　税前扣除

1. 基本减除费用

本次个人所得税法改革将基本费用标准由 3500 元 / 月提高到 5000 元 / 月，也就是一年 6 万元。

2. 专项扣除

专项扣除，包括居民个人按照国家规定的范围和标准缴纳的基本养老保险、基本医疗保险、失业保险等社会保险费和住房公积金等。

3. 专项附加扣除

专项附加扣除，包括子女教育、继续教育、大病医疗、住房贷款利息或者住房租金、赡养老人等支出，具体范围、标准和实施步骤由国务院确定，并报全国人民代表大会常务委员会备案。

4. 依法确定的其他扣除

其他扣除，包括个人缴付符合国家规定的企业年金、职业年金，个人购买符合国家规定的商业健康保险、税收递延型商业养老保险的支出，以及国务院规定可以扣除的其他项目。

2.2.8 征收管理

无论是新《个人所得税法》修订之前采用分类税制还是个人所得税修订后采用分类与综合相结合的个人所得税税制，个人所得税的征收均采用由支付单位源泉扣缴和由纳税人自行申报纳税两种征收方式。新个人所得税法实施后，纳税人办理汇算清缴或者扣缴义务人为纳税人办理汇算清缴还可能涉及退税的问题。

1. 源泉扣缴

（1）综合所得。

居民个人取得综合所得，按年计算个人所得税；有扣缴义务人的，由扣缴义务人按月或者按次预扣预缴税款；需要办理汇算清缴的，应当在取得所得的次年三月一日至六月三十日内办理汇算清缴。预扣预缴办法由国务院税务主管部门制定。

居民个人向扣缴义务人提供专项附加扣除信息的，扣缴义务人按月预扣预缴税款时应当按照规定予以扣除，不得拒绝。

非居民个人取得工资、薪金所得，劳务报酬所得，稿酬所得和特许权使用费所得，有扣缴义务人的，由扣缴义务人按月或者按次代扣代缴税款，不办理汇算清缴。

（2）经营所得。

由纳税人自行申报。

（3）其他所得。

纳税人取得利息、股息、红利所得，财产租赁所得，财产转让所得和偶然所得，按月或者按次计算个人所得税，有扣缴义务人的，由扣缴义务人按月或者按次代扣代缴税款。

2. 自行申报

有下列情形之一的，纳税人应当依法办理纳税申报：

（1）取得综合所得需要办理汇算清缴；

（2）取得应税所得没有扣缴义务人；

（3）取得应税所得，扣缴义务人未扣缴税款；

（4）取得境外所得；

（5）因移居境外注销中国户籍；

（6）非居民个人在中国境内从两处以上取得工资、薪金所得；

（7）国务院规定的其他情形。

扣缴义务人应当按照国家规定办理全员全额扣缴申报，并向纳税人提供其个人所得和已扣缴税款等信息。

3. 取得综合所得需要办理汇算清缴

取得综合所得且符合下列情形之一的纳税人，应当依法办理汇算清缴：

（1）从两处以上取得综合所得，且综合所得年收入额减除专项扣除后的余额超过6万元；

（2）取得劳务报酬所得、稿酬所得、特许权使用费所得中一项或者多项所得，且综合所得年收入额减除专项扣除的余额超过6万元；

（3）纳税年度内预缴税额低于应纳税额；

（4）纳税人申请退税。

第三章

个人所得项目

——财富流入，纳税几何

2018 年个人所得税领域的大事件除个人所得税改革外，引起讨论热度最广的就属某知名明星偷税案了。案件起因是崔永元因电影《手机 2》影射自身，于是炮轰相关人员，最终集火到某知名明星身上，曝光了某知名明星的阴阳合同并直接到国税总局进行实名举报。随后，国家税务总局责成江苏税务局以及无锡税务局，对某知名明星补税加罚款八个多亿，并发文要求明星自查，在 2018 年 12 月月底自查的不予处罚。

那具体到个人所得税项目，明星的收入应该如何缴税呢？

3.1 综合所得的计税方法

2019 年 1 月 1 日起，将劳务报酬、稿酬、特许权使用费三项所得与工资薪金合并为综合所得计算纳税，并实行专项附加扣除政策。居民个人取得综合所得，按年计算个人所得税；有扣缴义务人的，由扣缴义务人按月或者按次预扣预缴税款；需要办理汇算清缴的，应当在取得所得的次年三月一日至六月三十日内办理汇算清缴。非居民个人取得工资、薪金所得，劳务报酬所得，稿酬所得和特许权使用费所得，按月或者按次分项计算个人所得税，有扣缴义务人的，由扣缴义务人按月或者按次代扣代缴税款，不办理汇算清缴。

3.1.1 居民个人的预扣预缴方法

1. 工资、薪金所得

扣缴义务人向居民个人支付工资、薪金所得时，应当按照累计预扣法计算预扣税款，并按月办理全员全额扣缴申报。具体计算公式如下：

本期应预扣预缴税额 =（累计预扣预缴应纳税所得额 × 预扣率 – 速算扣除数）– 累计减免税额 – 累计已预扣预缴税额

累计预扣预缴应纳税所得额 = 累计收入 – 累计免税收入 – 累计减除费用 – 累计专项扣除 – 累计专项附加扣除 – 累计依法确定的其他扣除

其中：累计减除费用，按照 5000 元 / 月乘以纳税人当年截至本月在本单位的任职受雇月份数计算。

上述公式中，计算居民个人工资、薪金所得预扣预缴税额的预扣率、速算扣除数，按表 3–1 执行。

表 3–1　个人所得税预扣率表

（居民个人工资、薪金所得预扣预缴适用）

级数	累计预扣预缴应纳税所得额	预扣率（%）	速算扣除数
1	不超过 36000 元的部分	3	0
2	超过 36000 元至 144000 元的部分	10	2520
3	超过 144000 元至 300000 元的部分	20	16920
4	超过 300000 元至 420000 元的部分	25	31920
5	超过 420000 元至 660000 元的部分	30	52920
6	超过 660000 元至 960000 元的部分	35	85920
7	超过 960000 元的部分	45	181920

2. 劳务报酬、稿酬、特许权使用费所得

扣缴义务人向居民个人支付劳务报酬所得、稿酬所得、特许权使用费所得时，按次或者按月预扣预缴个人所得税。具体预扣预缴税款计算方法为：

劳务报酬所得、稿酬所得、特许权使用费所得以每次收入减除费用后的余额为收入额，稿酬所得的收入额减按百分之七十计算。

减除费用：劳务报酬所得、稿酬所得、特许权使用费所得预扣预缴税款时，每次收入不超过四千元的，减除费用按八百元计算；每次收入四千元以上的，减除费用按百分之二十计算。

应纳税所得额：劳务报酬所得、稿酬所得、特许权使用费所得，以每次收入额为预扣预缴应纳税所得额。劳务报酬所得适用百分之二十至百分之四十的超额累进预扣率，如表 3–2 所示，稿酬所得、特许权使用费所得适用百分之二十的比例预扣率。

劳务报酬所得应预扣预缴税额 = 预扣预缴应纳税所得额 × 预扣率 – 速算扣除数

稿酬所得、特许权使用费所得应预扣预缴税额 = 预扣预缴应纳税所得额 ×20%

表 3–2　个人所得税预扣率表

（居民个人劳务报酬所得预扣预缴适用）

级数	预扣预缴应纳税所得额	预扣率（%）	速算扣除数
1	不超过 20000 元的	20	0
2	超过 20000 元至 50000 元的部分	30	2000
3	超过 50000 元的部分	40	7000

累计预扣法

扣缴义务人在一个纳税年度内，以截至当前月份累计支付的工资薪金所得收入额减除累计基本减除费用、累计专项扣除、累计专项附加扣除和依法确定的累计其他扣除后的余额为预缴应纳税所得额。

对照综合所得税率表，计算出累计应预扣预缴税额，减除已预扣预缴税额后的余额，作为本期应预扣预缴税额。居民个人劳务报酬所得、稿酬所得、特许权使用费所得个人所得税的预扣预缴方法，基本平移了现行税法的扣缴方法，特别是平移了对每次收入不超过4000元、费用按800元计算的规定。这种预扣预缴方法对扣缴义务人和纳税人来讲既容易理解，也简便易行，方便扣缴义务人和纳税人操作。

（1）2019年1月实发李小姐工资15000元，当月专项扣除为2000元，专项附加扣除合计为3000元。则2019年2月申报个人所得税时：

应纳税所得=15000–5000–2000–3000=5000（元），对应税率为3%，应纳个人所得税为5000×3%=150（元）；

（2）2019年2月实发李小姐工资16000元，当月专项扣除为2100元，专项附加扣除合计为3050元，则2019年3月申报个人所得税时：

1—2月累计应纳税所得额=（15000+16000）–（5000×2）–（2000+2100）–（3000+3050）=10850（元），对应税率为3%，1—2月累计应纳个人所得税为10850×3%=325.50（元），1月已纳个人所得税为150元，则2月应纳个人所得税为325.50–150=175.50（元）。

（3）若李小姐3月因个人原因请假导致工资只有2000元，扣除5000元、当月专项扣除为2000元，专项附加扣除为3000元。

2019年4月申报个人所得税时：1—3月累计应纳税所得额=（15000+ 16000+2000）–（5000×3）–（2000+2100+2000）–（3000+3050+3000）=2850（元），对应税率为3%，1—3月累计应纳个人所得税为2850×3%=85.50（元），1—2月已纳个人所得税为325.50元，则截至税款所属期3月，李小姐多缴个人所得税240元，此时暂不办理退税，在次年3月至6月的汇算清缴期办理退税。

3.1.2 居民个人汇算清缴计税方法

居民个人年度综合所得，在取得所得的次年 3 月 1 日至 6 月 30 日内办理汇算清缴。也就是把工资、薪金，劳务报酬所得，稿酬所得，特许权使用费所得再来一次打包汇算清缴（仅取得一项收入或一次收入的可以不汇算清缴），清算后税款多退少补。按如下公式和税率表计算：

纳税年度应纳税所得额 = 年度收入额 – 准予扣除额

准予扣除额 = 基本扣除费用 60000 元 + 专项扣除 + 专项附加扣除 + 依法确定的其他扣除

表 3–3 居民个人综合所得税率表

（居民个人综合所得汇算清缴适用）

级数	全年应纳税所得额	税率（%）	速算扣除数
1	不超过 36000 元的部分	3	0
2	超过 36000 元至 144000 元的部分	10	2520
3	超过 144000 元至 300000 元的部分	20	16920
4	超过 300000 元至 420000 元的部分	25	31920
5	超过 420000 元至 660000 元的部分	30	52920
6	超过 660000 元至 960000 元的部分	35	85920
7	超过 960000 元的部分	45	181920

劳务报酬所得与工资薪金所得的区别：

是否存在雇佣关系。劳务报酬所得是个人独立从事各种非雇用的各种劳务所取得的所得。如个人兼职取得的收入按“劳务报酬所得”项目缴纳个人所得税。而工资、薪金所得是个人因任职或者受雇而取得的工资、薪金、奖金、年终加薪、劳动分红、津贴、补贴以及与任职或者受雇有关的其他所得。如演员从剧团领取工资、教师从学校领取工资，就属于工资、薪金所得项目。

下列收入中，属于“劳务报酬所得”应合并到综合所得缴纳个人所得税的是（　）。

A. 在其他单位兼职取得的收入

B. 退休后再受雇取得的收入

C. 在任职单位取得董事费收入

D. 个人购买彩票取得的中奖收入

解析：答案为A。选项B，属于工资、薪金所得；选项C，属于工资、薪金所得，在非任职单位取得的董事费收入属于劳务报酬所得；选项D，个人购买彩票取得的中奖收入属于偶然所得。

3.1.3　非居民个人的扣缴方法

根据《个人所得税法》第六条第（二）项“非居民个人的工资、薪金所得，以每月收入额减除费用五千元后的余额为应纳税所得额；劳务报酬所得、稿酬所得、特许权使用费所得，以每次收入额为应纳税所得额”，以及第十一条第三款“非居民个人取得工资、薪金所得，劳务报酬所得，稿酬所得和特许权使用费所得，有扣缴义务人的，由扣缴义务人按月或者按次代扣代缴税款，不办理汇算清缴”的规定，扣缴义务人向非居民个人支付工资、薪金所得，劳务报酬所得，稿酬所得和特许权使用费所得时，个人所得税按以下方法按月或者按次代扣代缴：

非居民个人的工资、薪金所得，以每月收入额减除费用5000元后的余额为应纳税所得额；劳务报酬所得、稿酬所得、特许权使用费所得，以每次收入额为应纳税所得额。其中，劳务报酬所得、稿酬所得、特许权使用费所得以收入减除百分之二十的费用后的余额为收入额。稿酬所得的收入额减按百分之七十计算。

上述四项所得的应纳税额 = 应纳税所得额 × 税率 – 速算扣除数

税率表为按月换算后的综合所得税率表。

表 3–4 非居民个人综合所得税率

（非居民个人工资、薪金所得，劳务报酬所得，稿酬所得，特许权使用费所得适用）

级数	应纳税所得额	税率（%）	速算扣除数
1	不超过 3000 元的	3	0
2	超过 3000 元至 12000 元的部分	10	210
3	超过 12000 元至 25000 元的部分	20	1410
4	超过 25000 元至 35000 元的部分	25	2660
5	超过 35000 元至 55000 元的部分	30	4410
6	超过 55000 元至 80000 元的部分	35	7160
7	超过 80000 元的部分	45	15160

3.1.4 工资、薪金所得计税的几种特殊情况

1. 社保入税

国税、地税合并之后，社保将由税务部门开始征收，这一项改革对于企业来说，是有很大的压力和影响的。社保税改以后，要求严格按照员工工资标准来购买社保，很多企业如果之前没有给员工购买社保，或者是没有按照全额的标准给员工购买社保的话，那么一旦社保入税的情况下，势必会增加企业的用工成本压力，降低企业的经营利润。

假设小魏是北京一家公司工作的老员工，2018 年的月平均工资性收入是 8000 元，2019 年 1 月的工资是 1 万元。那么 2019 年 1 月小魏的到手工资是多少钱?

解析： 小魏缴纳的社保总费用 =8000 × 8%+8000 × 0.2%+8000 ×

2%+3=819（元）。

小魏到手工资 =10000−819−8000×12%−（10000−5000−819−8000×12%）×3%=8124.37（元）。

某企业有职工 200 名。其中从事生产的人员为 100 名，从事制造的为 20 名，总部管理人员为 50 名，销售人员为 30 名。该公司与劳动者原订立了全员劳动合同，未发生人员变动。假定该公司按当地人均薪金基数 2800 元计算缴纳职工养老保险费，按现行相关政策规定，假定应缴比例为 26%，其中：单位缴费 18%，个人缴费 8%，其计算如下：

解析：1. 缴费的计算

（1）月度缴费基数：2800×200=560000（元）

（2）月度应缴金额：560000×26%=145600（元）

其中：单位缴费共计：560000×18%=100800（元）

个人缴费共计：560000×8%=44800（元）

2. 个人账户清单

（1）月度缴费基数：2800 元

（2）月度应缴金额：2800×26%=728（元）

其中：单位缴费：2800×18%=504（元）

个人缴费：2800×8%=224（元）

2. 全年一次性奖金

居民个人取得全年一次性奖金，即我们所熟悉的年终奖，在 2021 年 12 月 31 日前，不并入当年综合所得，以全年一次性奖金收入除以 12 个月得到的数额，按照综合所得税率表（按月）（表 3−5）换算后的，确定适用税率和速算扣除数，单独计算纳税。计算公式为：

应纳税额 = 全年一次性奖金收入 × 适用税率 − 速算扣除数

表 3–5　综合所得适用税率表（按月）

级数	全月应纳税所得额	税率（%）	速算扣除数
1	不超过 3000 元的	3	0
2	超过 3000 元至 12000 元的部分	10	210
3	超过 12000 元至 25000 元的部分	20	1410
4	超过 25000 元至 35000 元的部分	25	2660
5	超过 35000 元至 55000 元的部分	30	4410
6	超过 55000 元至 80000 元的部分	35	7160
7	超过 80000 元的部分	45	15160

居民个人取得全年一次性奖金，也可以选择并入当年综合所得计算纳税。

自 2022 年 1 月 1 日起，居民个人取得全年一次性奖金，应并入当年综合所得计算缴纳个人所得税。

全年一次性奖金可以单独计税，也可以计入当年综合所得，合并计税。纳税人有了选择性。此规定主要是照顾不同收入的纳税人最大限度地享受个人所得税改革带来的政策红利。

某公司业务人员张三 2019 年每月平均发放工资 6000 元，允许扣除的社保等专项扣除费用 500 元、每月专项附加扣除 3000 元；张三 2019 年 2 月取得 2018 年度全年一次性奖金 36000 元；张三没有劳务报酬等其他综合所得收入。

解析：

a. 如果张三选择将全年一次性奖金并入当年度综合所得计算缴纳个人所得税，则张三 2019 年综合所得个人所得税应税收入如下：

（6000×12+36000）–5000×12–500×12–3000×12=6000（元）

其综合所得应缴纳个人所得税：6000×3%=180（元）

b. 如果张三选择将全年一次性奖金不并入当年度综合所得，单独计算缴纳个人所得税，则张三2019年综合所得个人所得税应税收入如下：

6000×12-5000×12-500×12-3000×12=-30000（元）＜0

综合所得不缴纳个人所得税。

全年一次性奖金应缴纳个人所得税：

36000÷12=3000（元），对应全年一次性奖金个人所得税税率3%，因此应缴纳个人所得税为：

36000×3%=1080（元）。

两种计税方法相比，明显是将全年一次性奖金计入当年度综合所得计算缴纳个人所得税更合适。

通过以上案例，我们发现以下规律：低收入人群，将全年一次性奖金并入当年度的综合所得计算缴纳个人所得税，可缴纳更少的税金。中高收入人群，如果不将全年一次性奖金并入当年度综合所得计算缴纳个人所得税，可能会少缴纳部分个人所得税，但是个人所得税节省的额度不如想象的大。如果规划不好，反而会多缴纳税金。

年终奖税收陷阱

根据按月换算后的综合所得税率表，会产生新的年终奖临界点，发生“年终奖多发一元，到手收入少千元的”现象，这种税收陷阱是值得注意的，如表3-6。比如，3.6万元就是一个临界点，如果发放3.6万元年终奖，个人所得税需要缴纳36000×3%=1080（元），到手34920元。如果多发一元，即发放36001元年终奖，个人所得税需要缴纳36001×10%-210=3390.1（元），到手32610.9元。相比之下，多发一元年终奖，到手收入反而少了2309.1元。另外，14.4万元，30万元，42万元，66万元，96万元也是临界点。

表 3–6 新税率表下年终奖税收陷阱

年终奖	税率	速算扣除数	应纳税额	多发奖金数	增加税额	税后数额
36000	3%	0	1080			34920
36001	10%	210	3390.10	1	2310.10	32610.90
38566.67	10%	210	3646.67	2566.67	2566.67	34920
144000	10%	210	14190.00			129810.00
144001	20%	1410	27390.20	1	13200.20	116610.80
160500	20%	1410	30690	16500	16500	129810.00
300000	20%	1410	58590			241410
300001	25%	2660	72340.25	1	13750.25	227660.75
318333.3	25%	2660	76923.33	18333.33	18333.33	241410
420000	25%	2660	102340			317660
420001	30%	4410	121590.30	1	19250.30	298410.70

3. 关于解除劳动关系、提前退休、内部退养的一次性补偿收入的政策

个人与用人单位解除劳动关系取得一次性补偿收入（包括用人单位发放的经济补偿金、生活补助费和其他补助费），在当地上年职工平均工资 3 倍数额以内的部分，免征个人所得税；超过 3 倍数额的部分，不并入当年综合所得，单独适用综合所得税率表，计算纳税。

2019 年 3 月，某单位因增效减员与在单位工作了 18 年的王强解除劳动关系，并支付王强一次性补偿 250000 元，当地上年职工平均工资 30000 元，则王强取得该项收入应缴纳的个人所得税为多少元?

解析：①计算免征额 =30000×3=90000（元）

②按其工作年限平摊其应税收入，即其工作多少年，就将应税收入看作多少个月的工资，但最多不能超过 12 个月，最后再计算全部应纳税额：视同月应纳税所得额 =（250000–90000）÷12–5000=8333.33（元）

③应纳税额 =（8333.33×10%–210）×12=7480（元）。

个人办理提前退休手续而取得的一次性补贴收入，应按照办理提前退休手续至法定离退休年龄之间实际年度数平均分摊，确定适用税率和速算扣除数，单独适用综合所得税率表，计算纳税。计算公式：

应纳税额 =｛［（一次性补贴收入 ÷ 办理提前退休手续至法定退休年龄的实际年度数）– 费用扣除标准］× 适用税率 – 速算扣除数｝× 办理提前退休手续至法定退休年龄的实际年度数

个人办理内部退养手续而取得的一次性补贴收入，应按办理内部退养手续后至法定离退休年龄之间的所属月份进行平均，并与领取当月的“工资、薪金所得”合并后计入综合所得，按适用税率计征个人所得税。

4. 个人获得股权激励

居民个人取得股票期权、股票增值权、限制性股票、股权奖励等股权激励（以下简称股权激励），在 2021 年 12 月 31 日前，不并入当年综合所得，全额单独适用综合所得税率表，计算纳税。计算公式为：

应纳税额 = 股权激励收入 × 适用税率 – 速算扣除数

李先生受雇于一家境内上市公司，因表现突出参与了公司的股票期权计划。李先生在 2019 年 10 月对股票期权行权，取得股票期权所得人民币 60000 元。

解析： 根据 164 号公告关于股权激励的政策规定，李先生可以享受股权激励优惠计税方法：

应纳税额 = 股权激励所得 60000 × 适用综合所得税率 10%– 速算扣除数 2520=3480（元）

居民个人一个纳税年度内取得两次以上（含两次）股权激励的，应合并按规定计算纳税。

2022 年 1 月 1 日之后的股权激励政策另行明确。

5. 个人领取企业年金、职业年金

年金递延纳税，是指在年金缴费环节和年金基金投资收益环节暂不征收个人所得税，将纳税义务递延到个人实际领取年金的环节，也称EET模式（E代表免税，T代表征税）。

年金征税模式（EET）如表3–7所示。

表3–7 年金征税模式

征税模式（EET）	情 形	税务处理
缴费环节	单位按有关规定缴费部分	免个人所得税
	个人缴费不超过本人缴费工资计税基数4%标准内部分	暂从应纳税所得额中扣除
	超标年金单位缴费和个人缴费部分	征收个人所得税
投资环节	年金基金投资运营收益分配计入个人账户时	个人暂不缴纳个人所得税
领取环节	领取年金时	纳税

企业年金个人缴费工资计税基数是本人上一年度月平均工资。月平均工资超过职工工作地所在设区城市上一年度职工月平均工资300%以上部分，不计入个人缴费工资计税基数；职业年金个人缴费工资计税基数是职工岗位工资和薪级工资之和。职工岗位工资和薪级工资之和超过职工工作地所在设区城市上一年度职工月平均工资300%以上部分，不计入个人缴费工资计税基数。

个人达到国家规定的退休年龄，领取的企业年金、职业年金，不并入综合所得，全额单独计算应纳税款。其中按月领取的，适用月度税率表计算纳税；按季领取的，平均分摊计入各月，按每月领取额适用月度税率表计算纳税；按年领取的，适用综合所得税率表计算纳税。

个人因出境定居而一次性领取的年金个人账户资金，或个人死亡后，其指定的受益人或法定继承人一次性领取的年金个人账户余额，适用综合所得税率表计算纳税。对个人除上述特殊原因外一次性领取年金个人账户资金或余额的，适用月度税率表计算纳税。

某市 2019 年度在岗职工年平均工资 6000 元，年金个人缴费的税前扣除限额为 600 元（60000 ÷ 12 × 3 × 4%），市地税局将根据市统计公报数据每年调整扣除限额标准。

解析：（1）A 先生 2019 年 7 月工资 10000 元，假设企业年金缴费工资计税基数为 10000 元，若其按 4% 缴付年金 400 元，均可税前扣除；若按 3% 缴付年金 300 元，则只能扣除 300 元；若按 5% 缴付年金 500 元，仍可以扣除 500 元。

（2）B 先生 2019 年 9 月工资 24000 元，若其按 4% 缴付 800 元年金，由于允许扣除金额最高为 600 元，超出的 200 元须并入综合所得缴税。

3.2　经营所得的计税方法

3.2.1　应纳税所得额

根据《个人所得税法实施条例》（国务院令第 707 号）第六条第一款第（五）项，经营所得，是指：

（1）个体工商户从事生产、经营活动取得的所得，个人独资企业投资人、合伙企业的个人合伙人来源于境内注册的个人独资企业、合伙企业生产、经营的所得；

（2）个人依法从事办学、医疗、咨询以及其他有偿服务活动取得的所得；

（3）个人对企业、事业单位承包经营、承租经营以及转包、转租取得的所得；

（4）个人从事其他生产、经营活动取得的所得。

1. 个体工商业户的生产经营所得

应纳税所得额 = 收入总额 –（成本 + 费用 + 损失 + 准予扣除的税金）– 规定的费用扣除

取得经营所得的个人，没有综合所得的，计算其每一纳税年度的应纳税所得额时，应当减除费用 6 万元、专项扣除、专项附加扣除以及依法确定的其他扣除。专项附加扣除在办理汇算清缴时减除。从事生产、经营活动，未提供完整、准确的纳税资料，不能正确计算应纳税所得额的，由主管税务机关核定应纳税所得额或者应纳税额。

不得税前扣除项目如下：

①个人所得税税款；

②税收滞纳金；

③罚金、罚款和被没收财物的损失；

④不符合扣除规定的捐赠支出；

⑤赞助支出；

⑥用于个人和家庭的支出；

⑦与取得生产经营收入无关的其他支出；

⑧国家税务总局规定不准扣除的支出。

李某是位加工个体户，2019 年取得生产经营收入 40 万元，生产经营成本为 36 万元（含购买一辆非经营用小汽车支出 16 万元）；另取得个人文物拍卖收入 20 万元，不能提供原值凭证，该文物经文物部门认定为海外回流文物。下列关于张某 2019 年个人所得税纳税事项的表述中，正确的是（　）。

A. 小汽车支出可以在税前扣除

B. 生产经营所得应纳个人所得税的计税依据为 14 万元

C. 文物拍卖所得按拍卖收入额的 3% 缴纳个人所得税

D. 文物拍卖所得应并入生产经营所得一并缴纳个人所得税

解析：答案为 B。选项 A，非经营用小汽车支出不得在税前扣除；选项 B，应纳税所得额 =40-（36-16）-5000×12÷10000=14（万元）；选项 C，按转让收入额的 2% 计算缴纳个人所得税；选项 D，拍卖

物品属于财产转让所得，不属于个体工商户的生产经营所得，不能一并征收个人所得税

2. 个人独资企业与合伙企业生产经营所得

查账征收：应纳税所得额 = 收入总额 –（成本 + 费用 + 损失）

核定征收：应纳税所得额 = 收入总额 × 应税所得率

= 成本费用支出 ÷（1– 应税所得率）× 应税所得率

扣除项目比照《个体工商户个人所得税计税办法》执行，但下列项目的扣除例外：

（1）投资者及其家庭发生的生活费用不允许在税前扣除。生活费用与企业生产经营费用难以划分的，全部视为投资者个人及其家庭发生的生活费用，一律不允许在税前扣除。

（2）企业在生产经营投资者及其家庭生活共用的固定资产，难以划分的，由主管税务机关根据企业的生产经营类型、规模等具体情况，核定准予在税前扣除的折旧费用的数额或比例。

（3）企业计提的各种准备金不得扣除。

（4）实行核定征税的投资者，不能享受个人所得税的优惠政策。实行查账征税方式的个人独资企业和合伙企业改为核定征税方式后，在查账征税方式下认定的年度经营亏损未弥补完的部分，不得再继续弥补。

（5）个体工商户、个人独资企业和合伙企业因在纳税年度中间开业、合并、注销及其他原因，导致该纳税年度的实际经营期不足 1 年的，对个体工商户业主、个人独资企业投资者和合伙企业自然人合伙人的生产经营所得计算个人所得税时，以其实际经营期为 1 个纳税年度。投资者本人的费用扣除标准，应按照其实际经营月份数，以每月 5000 元的减除标准确定。

3. 对企事业单位承包、承租经营所得

应纳税所得额 = 个人承包、承租经营收入总额 + 承包者个人的工资 –5000 × 承包经营的月数

对实行承包、承租经营的纳税人，虽原则上要求其应以每一纳税年度取得的承包、承租经营所得计算纳税，但纳税人的承包、承租期在一个纳税年度内经营不足 12 个月的，以其实际承包、承租经营的期限作为一个纳税年度计算纳税。

3.2.2 应纳税额的计税方法

1. 个体工商业户生产经营所得应纳税额的计算方法

应纳税额 = 应纳税所得额 × 税率 – 速算扣除数

2019 年个体工商户张某为其从业人员实际发放工资 150 万元，业主领取劳动报酬 20 万元，该个体工商户允许税前扣除的从业人员补充养老保险限额为（　）万元。

A.7.35　　B.7.5　　C.3.15　　D.1.05

解析：答案为 B。

允许扣除的从业人员的补充养老保险限额为：150 × 5%=7.5（万元）

李某 2019 年承包某加工厂，根据协议变更登记为个体工商户，2019 年加工厂取得收入总额 80 万元，准予扣除的成本、费用及相关支出合计 70 万元（含李某每月从加工厂领取的工资 3000 元）。李某 2019 年个人所得税应纳税所得额为多少元？

解析：个体工商户业主的工资不能在计算个体工商户生产经营所得应纳税所得额时扣除。

应纳税所得额为：80–70+0.3 × 12–0.5 × 12=7.6（万元）

应纳税额为：7.6 × 10%–0.15=0.61（万元）

2. 个人独资企业和合伙企业投资者生产经营所得应纳税额的计算方法

个人独资企业与合伙企业有两种计税办法，即查账征税与核定征税。

（1）查账征收。

投资者兴办两个或两个以上企业，并且企业性质全部是独资的，年度终了后，汇算清缴时，应纳税款的计算按以下方法进行（先合再税后分）：

应纳税所得额 =Σ 各个企业的经营所得

应纳税额 = 应税所得额 × 税率 – 速算扣除数

本企业应纳税额 = 应纳税额 × 本企业的经营所得 ÷ Σ 各企业的经营所得

本企业应补缴的税额 = 本企业应纳税额 – 本企业预缴的税额

（2）核定征收。

应纳税额 = 应纳税所得额 × 适用税率 – 速算扣除数

3. 对企事业单位承包、承租经营所得应纳税额的计算方法

应纳税额 = 应纳税所得额 × 适用税率 – 速算扣除数

2019 年 9 月 1 日起，张某承包了一家招待所，合同规定张某每月取得工资 3500 元，年终从企业所得税税后利润中上缴承包费 50000 元，其余经营成果归张某所有。2019 年该招待所税后利润 95000 元，当年张某共应缴多少个人所得税?

解析：纳税年度收入总额为：3500×4+（95000–50000）=59000（元）

年应纳税所得额为：59000–5000×4=39000（元），适用税率为 10%，速算扣除数为 1500

应纳个人所得税为：39000×10%–1500=2400（元）

2019 年 1 月 1 日，李某与其所在的事业单位签订承包经营合同经营招待所。2019 年招待所实现承包经营利润 15 万元（含李某工资），按合同规定李某每年应上缴承包费 3 万元。请计算李某 2019 年应纳个人所得税。

解析：李某应纳税所得额为：150000–30000–5000×12=60000（元）

应纳个人所得税为：60000×10%–1500=4500（元）

表 3–8　经营所得个人所得税税率表

（个体工商户的生产、经营所得和对企事业单位的承包经营、承租经营所得适用）

级数	全年应纳税所得额	税率	速算扣除数
1	不超过 30000 元的	5%	0
2	超过 30000 元至 90000 元的部分	10%	1500
3	超过 90000 元至 300000 元的部分	20%	10500
4	超过 300000 元至 500000 元的部分	30%	40500
5	超过 500000 元的部分	35%	65500

3.3　利息、股息、红利所得的计税方法

利息、股息、红利所得，是指个人拥有债权、股权等而取得的利息、股息、红利所得。

3.3.1　应纳税所得额

个人取得利息、股息、红利所得，以每次收入额为应纳税所得额，以支付利息、股息、红利时取得的收入为一次，适用税率 20%。股息、红利作为应纳税所得，无任何费用扣除。自 2008 年 10 月 9 日起，储蓄存款利息收入暂免征收个人所得税；国债和国家发行的金融债券利息免征个人所得税。

3.3.2　应纳税额的计算方法

（1）计税公式：

应纳税额 = 应纳税所得额 × 适用税率

应纳税所得额为每次收入额，适用税率为 20% 的比例税率。

（2）股息红利采取差别化个人所得税规定：①个人从公开发行和转让市场取得的上市公司股票，持股期限在 1 个月以内（含 1 个月）的，其股息红利所得全额计入应纳税所得额；②持股期限在 1 个月以上至 1 年（含 1 年）的，暂减按 50% 计入应纳税所得额；上述所得统一适用 20% 的税率计征个人所得税；③自 2015 年 9 月 8 日起，个人从公开发行和转让市场取得的上市公司股票，持股期限超过 1 年的，股息红利所得暂免征收个人所得税。

（3）对个人持股 1 年以内（含 1 年）的，上市公司暂不扣缴个人所得税；待个人转让股票时，证券登记结算公司根据其持股期限计算应纳税额。

（4）持股期限是指个人从公开发行和转让市场取得上市公司股票之日至转让交割该股票之日前一日的持有时间。

（5）个人转让股票时，按照先进先出的原则计算持股期限，即证券账户中先取得的股票视为先转让。

（6）外籍个人从外商投资企业取得的股息、红利所得，暂免征收个人所得税。

（7）个人股东获得转增的股本，应按照“利息、股息、红利所得”项目，适用 20% 税率征收个人所得税。

下列有关沪港通个人所得税计征说法不正确的有（　　）。

A. 对内地个人投资者通过沪港通投资香港联交所上市股票取得的转让差价所得，自 2014 年 11 月 17 日起至 2017 年 11 月 16 日止，暂免征收个人所得税

B. 内地个人投资者通过沪港通投资香港联交所上市的非 H 股取得的股息红利，由中国结算按照 20% 的税率代扣个人所得税

C. 香港市场投资者（包括企业和个人）投资上交所上市A股取得的转让差价所得，暂免征收所得税

D. 对香港市场投资者（包括企业和个人）投资上交所上市A股取得的股息红利所得，按持股时间实行差别化征税政策

解析：答案为D。

选项D，暂不执行按持股时间实行差别化征税政策，由上市公司按照10%的税率代扣所得税。

假设小张2019年1月取得国债利息收入1200元；取得某国内上市公司发行的公司债券利息750元。请问，小张应缴纳多少个人所得税？

解析：国债利息收入免征个人所得税。因此，小张取得的各项利息收入应缴纳的个人所得税为：750×20%=150（元）

3.4 财产租赁所得的计税方法

3.4.1 应纳税所得额

财产租赁所得，是指个人出租建筑物、土地使用权、机器设备、车船以及其他财产取得的所得。

个人取得的财产转租收入，属于“财产租赁所得”范围。最重要的是房屋的租赁。个人出租房屋涉及多个税种。城建税、教育费附加和地方教育附加、房产税、印花税、个人所得税。

1. 一般情况下财产租赁所得应纳税所得额的确定

（1）每次收入不超过4000元的：应纳税所得额 = 每次收入额 –800元。

（2）每次收入4000元以上的：应纳税所得额 = 每次收入额 ×（1–20%）。

2. 个人出租房产，在计算缴纳所得税时从收入（不含增值税）中依次扣除以下费用

（1）财产租赁过程中缴纳的税费（城建税、教育费附加和地方教育费附加、房产税，可持完税凭证，从其财产租赁收入中扣除）。

（2）取得转租收入的个人向房屋出租方支付的租金。

（3）能够提供有效、准确的凭证，由纳税人负担该出租财产实际开支的修缮费用（每次800元为限，一次扣不完的下次继续扣除，直到扣完为止）。

（4）税法规定的费用扣除标准。

①每次月收入不超过4000元的。

应纳税所得额＝每次（月）收入额－准予扣除项目－修缮费用（800元为限）－800元

②每次月收入超过4000元的。

应纳税所得额＝[每次（月）收入额－准予扣除项目－修缮费用（800元为限）]×（1－20%）

3.4.2　应纳税额的计算方法

一般情况下应纳税额计算公式为：应纳税额＝应纳税所得额×20%

在计算个人出租住房应纳税额时，税率按10%进行征收。

关于财产租赁所得，必须注意以下问题：

（1）定额或定率扣除（每次净收入4000元）；（2）次数规定，财产租赁所得以一个月内取得的收入为一次；（3）出租房产特殊扣除项目；（4）出租住房，个人所得税税额减按10%征收；（5）个人房屋租赁涉及的税种有增值税、个人所得税、城建税及教育费附加等。

个人出租住房按照“财产租赁所得”项目计征个人所得税，具体计算公式及适用税率见表3-9。

表 3-9　个人出租住房个人所得税计算规则

要　点	规　　则
应纳税所得额的计算	每次（月）收入不超过 4000 元的 应纳税所得额 = 每次（月）收入额 – 准予扣除项目 – 修缮费用（800 元为限）–800 元 每次（月）收入在 4000 元以上的 应纳税所得额 =［每次（月）收入额 – 准予扣除项目 – 修缮费用（800 元为限）］×（1–20%） 财产租赁收入扣除费用包括：税费 + 修缮费 + 法定扣除标准 个人将承租房屋转租取得的租金收入也按照财产租赁所得征税，扣除费用包括：税费 + 向出租方支付的租金 + 修缮费 + 法定扣除标准 （1）在出租财产过程中缴纳的税金和教育费附加等税费要有完税（缴款）凭证；（2）取得转租收入的个人向出租方支付的租金要有房屋租赁合同和合法的支付凭据；（3）由纳税人负担的该出租财产实际开支的修缮费用要能够提供有效、准确的凭证；允许扣除的修缮费每月以 800 元为限，一次扣除不完的，未扣完的余额可无限期向以后月份结转扣除；（4）法定扣除标准为 800 元或 20%
关于"次"的规定	财产租赁所得以一个月内取得的收入为一次
适用税率	（1）财产租赁所得适用 20% 的比例税率 （2）对个人按市场价格出租住房取得的所得，减按 10% 的税率征收个人所得税（税收优惠）
个人出租住房应纳税额计算公式	（1）每月租金不超过 4000 元的：应纳税额 = 应纳税所得额 × 适用税率 =［每月租金 – 允许扣除的项目 – 修缮费用（800 元为限）–800］×10% （2）每月租金在 4000 元以上的：应纳税额 = 应纳税所得额 × 适用税率 =［每月租金 – 允许扣除的项目 – 修缮费用（800 元为限）］×（1–20%）×10%

小李 2019 年 1 月 1 日将县城内一处住房出租用于他人居住，租期 3 年，每月租金 3000 元，房产原值 80 万元，当地政府规定损耗扣除比例为 30%，可提供实际缴纳出租环节增值税以外的税金完税凭证每月 150 元。10 月发生漏雨修缮费 1200 元。

请问，小李 2019 年应纳多少个人所得税？

解析：

1 月至 9 月租金纳税为：（3000−150−800）×10%×9=1845（元）

10 月租金纳税为：（3000−150−800−800）×10%=125（元）

11 月租金纳税为：（3000−150−400−800）×10%=165（元）

12 月租金纳税为：（3000−150−800）×10%=205（元）

小李 2019 年应纳个人所得税为：1845+125+165+205=2340（元）

3.5　财产转让所得的计税方法

3.5.1　应纳税所得额

应纳税所得额 = 每次收入额 − 财产原值 − 合理税费

1. 有价证券出售

每次卖出债券应纳个人所得税额 =（该次卖出该类债券收入 − 该次卖出该类债券允许扣除的买价和费用）×20%

2. 个人购买和处置债权

“打包债权”，应按照“财产转让所得”项目缴纳个人所得税。

如果只处置部分债权的，其应纳税所得额按以下方式确定：

（1）以每次处置部分债权的所得，作为一次财产转让所得征税。

（2）其应税收入按照个人取得的货币资产和非货币资产的评估价值或市场价值的合计数确定。

（3）当次处置债权成本费用 = 个人购置“打包”债权实际支出 × 当次处置债权账面价值（或拍卖机构公布价值）/“打包”债权账面价值（或拍卖机构公布价值）。

（4）个人购买债权过程中发生的拍卖招标手续费、诉讼费、审计评估费以及缴纳的税金等合理税费，在计算个人所得税时允许扣除。

3. 处置房产

个人出售自有住房取得的所得，应按照“财产转让所得”项目征收个人所得税。对个人转让自用 5 年以上，并且是家庭唯一生活用房取得的所得，免征个人所得税。纳税人需持房地产管理部门提供的有关证明，到主管税务机关办理免征手续。

3.5.2 应纳税额的计算方法

应纳税额 = 应纳税所得额 × 适用税率

某人本期购入债券 2000 份，每份买入价 15 元，支付购进买入债券的税费共计 200 元。本期内将买入的债券一次卖出 800 份，每份卖出价 18 元，支付卖出债券的税费共计 110 元。12 月末债券到期，该公民取得债券利息收入 2500 元。计算该个人应缴纳的个人所得税。

解析：一次卖出债券应扣除的买价及费用为：（30000+200）÷2000×800+110=12190（元），应缴纳个人所得税为：（800×18−12190）×20%=442（元）。

债券利息收入应缴纳个人所得税为：2500×20%=500（元）

3.6 偶然所得的计税方法

偶然所得是指个人得奖、中奖、中彩以及其他偶然性质的所得。

3.6.1 应纳税所得额

偶然所得以每次收入额为应纳税所得额，适用 20% 的比例税率。

3.6.2　应纳税额的计算方法

（1）计税公式。

应纳税额 = 应纳税所得额 × 适用税率 = 每次收入额 ×20%

（2）个人取得单张有奖发票奖金所得不超过 800 元（含 800 元）的，暂免征收个人所得税；个人取得单张有奖发票奖金所得超过 800 元的，应全额按照“偶然所得”项目征收个人所得税。

（3）企业对累计消费达到一定额度的顾客，给予额外抽奖机会，个人的获奖所得，按照“偶然所得”项目，全额适用 20% 的税率缴纳个人所得税。

下列各项中，以取得的收入为应纳税所得额直接计征个人所得税的有（　）。

A. 稿酬所得

B. 偶然所得

C. 股息所得

D. 特许权使用费所得

解析：B、C，直接以收入作为应纳税所得额的有利息、股息、红利所得，以及偶然所得。

沈先生参加电视台举办的有奖竞猜活动中奖，获一台价值 9000 元的电脑。请问，沈先生应缴纳多少个人所得税?

解析：沈先生应缴纳的个人所得税为：9000×20%=1800（元）

个人购买社会福利彩票、体育彩票中奖的个人所得税有部分优惠。个人购买社会福利彩票、体育彩票中奖获取的所得，一次中奖收入不超过 10000 元的，不用缴纳个人所得税；一次中奖收入超过 10000 元的，应全额计算缴纳个人所得税。

赵先生购买体育彩票获得价值16000元的摩托车一辆，同时购买福利彩票获得奖金3000元。请问，赵先生应缴纳多少个人所得税？

解析：由于购买福利彩票获得的奖金3000元<10000元，因此该奖金不需要缴纳个人所得税，则赵先生应缴纳的个人所得税为：16000×20%=3200（元）

3.7 特殊情形下个人所得税的计税方法

3.7.1 扣除捐赠款的计税方法

一般捐赠额的扣除以不超过纳税人申报的应纳税所得额的30%为限。

计算公式：捐赠扣除限额 = 申报的应纳税所得额 ×30%

公民潘某取得2019年一次性奖金12000元，通过S区民政局将其中5000元捐赠给公益事业，潘某应缴的年终奖个人所得税为多少？

解析：年终奖可扣除捐赠限额为：12000×30%=3600（元）

年终奖应纳个人所得税为：（12000−3600）÷12×3%=21（元）

3.7.2 境外缴纳税额抵免的计税方法

纳税义务人从中国境外取得的所得，准予其在应纳税额中扣除已在境外缴纳的个人所得税税额。但扣除额不得超过该纳税义务人境外所得依照我国税法规定计算的应纳税额。

（1）个人所得税境外所得能计算的限额采用的是“分国又分项”计算的方法，不同于企业所得税的分国不分项。

（2）境外个人所得税的抵免，采用“分国不分项”抵免。

江女士2019年取得新加坡一家公司支付的劳务报酬金额10000元（折合成人民币），被扣缴个人所得税1000元；在新加坡出版一部小说，获得稿酬20000元，被扣缴个人所得税2000元。同月还从美国取得利息收入1000元，被扣缴个人所得税300元；提供咨询劳务，获得报酬20000元，被扣缴个人所得税1500元。经核查，境外完税凭证无误。计算其境外所得在我国境内应补缴的个人所得税。

解析：计算限额分国又分项：

A：来自新加坡的综合所得按我国税法计算应纳税额为：（10000+20000–5000）×20%–1410=3590（元）

B：美国的所得计算：

①来自美国的偶然所得按我国税法计算应纳税额为：20000×20%=4000（元）

②来自美国的利息收入按我国税法计算应纳税额为：1000×20%=200（元）

我国个人所得税的抵免限额采用分国分项限额抵免法。

境外已纳税额＞抵免限额：不退国外多交税款；

境外已纳税额＜抵免限额：补交差额部分税额。

抵免限额的计算如表3–10所示。

表3–10　抵免限额计算表

国别	所得项目	境外已纳税额	计算限额（分国又分项）	抵免限额（分国不分项加总）
新加坡	综合所得	30000元	3590元	3590元
美国	利息1000元	300元	200元	4200元
	偶然所得20000元	1500元	4000元	

中国作家王某在A国出版作品集，取得稿酬收入折合人民币90000元，已经按该国的税法缴纳了个人所得税8000元。该作家通过我国民政部门向国内某受灾地区捐款20000元，分析计算该作家应就此项收入在我国境内缴纳个人所得税为多少元？

解析：公益救济性捐赠扣除限额为：90000×（1–20%）×30%=21600（元），实际捐赠额20000元，可以按照20000元全额扣除。

稿酬所得应缴纳个人所得税在我国抵免限额为：［90000×（1–20%）–20000］×20%×（1–30%）=7280（元），境外缴纳税额8000元，在我国境内不需要补缴个人所得税（7280元<8000元）。

3.7.3 对从事广告业个人取得所得计税办法

（1）纳税人在广告设计、制作、发布过程中提供名义、形象而取得的所得（偶然的、临时性的），应按“劳务报酬所得”项目计算纳税。

（2）纳税人在广告设计、制作、发布过程中提供其他劳务取得的所得，视其情况分别按照税法规定的“劳务报酬所得”“稿酬所得”“特许权使用费所得”等应税项目计算纳税。

（3）扣缴义务人的本单位人员在广告设计、制作、发布过程中取得的由本单位支付的所得，按“工资、薪金所得”项目计算纳税。

3.7.4 对演出市场个人取得所得的计税办法

演职人员参加非任职单位组织的演出取得的报酬，应按“劳务报酬所得”项目，按次计算纳税；演职人员参加任职单位组织的演出取得的报酬，应按“工资、薪金所得”项目，按月计算纳税。

演员王某参加商业演出，一次性获得表演收入50000元，王某应缴纳多少个人所得税？

解析：演职人员参加非任职单位组织的演出取得的报酬，应按“劳务报酬所得”项目计算纳税金额，因此王某：

应纳税所得额为：50000×（1–20%）=40000（元），适用税率为30%，速算扣除数为2000元。

应纳税额为：40000×30%–2000=10000（元）。

3.7.5　股权转让所得个人所得税管理办法

按“财产转让所得”缴纳个人所得税，以股权转让方为纳税人，以受让方为扣缴义务人，于股权转让相关协议签订后5个工作日内报主管税务机关。

应纳税所得额 = 股权转让收入 – 股权原值 – 合理费用

股权转让收入包括违约金、补偿金以及其他名目的款项、资产、权益等。纳税人按照合同约定，在满足约定条件后取得的后续收入，应当作为股权转让收入。

主管税务机关可以核定股权转让收入的情形：

（1）申报的股权转让收入明显偏低且无正当理由的；

（2）未按照规定期限办理纳税申报，经税务机关责令限期申报，逾期仍不申报的；

（3）转让方无法提供或拒不提供股权转让收入的有关资料；

（4）其他应核定股权转让收入的情形。

符合下列情形之一的，视为股权转让收入明显偏低：

（1）申报股权转让收入低于股权对应净资产份额的；

（2）申报的股权转让收入低于初始投资成本或低于取得该股权所支付的价款及相关税费的；

（3）申报的股权转让收入低于相同或类似条件下同一企业同一股东或其他股东股权转让收入的；

（4）申报的股权转让收入低于相同或类似条件下同类行业的企业股权转让收入的；

（5）不具合理性的无偿让渡股权或股份；

（6）主管税务机关认定的其他情形。

股权转让收入虽明显偏低，但视为有正当理由的情形：

（1）能出具有效文件，证明被投资企业因国家政策调整，生产经营受到重大影响，导致低价转让股权；

（2）继承或将股权转让给其能提供具有法律效力身份关系证明的配偶、父母、子女、祖父母、外祖父母、孙子女、外孙子女、兄弟姐妹以及对转让人承担直接抚养或者赡养义务的抚养人或者赡养人；

（3）相关法律、政府文件或企业章程规定，并有相关资料充分证明转让价格合理且真实的本企业员工持有的不能对外转让股权的内部转让；

（4）股权转让双方能够提供有效证据证明其合理性的其他合理情形。

主管税务机关有权核定股权转让收入，具体方法有净资产核定法、类比法、其他合理方法。

被投资企业的土地使用权、房屋、房地产企业未销售房产、知识产权、探矿权、采矿权、股权等资产占企业总资产比例超过20%的，主管税务机关可参照纳税人提供的具有法定资质的中介机构出具的资产评估报告核定股权转让收入。

个人转让股权未提供完整、准确的股权原值凭证，不能正确计算股权原值的，由主管税务机关核定其股权原值。

对个人多次取得同一被投资企业股权的，转让部分股权时，采用“加权平均法”确定其股权原值。

3.7.6 纳税人收回转让股权征收个人所得税方法

（1）股权转让合同履行完毕、股权已作变更登记，且所得已经实现的，转让人取得的股权转让收入应当依法缴纳个人所得税。转让行为结束后，当事人双方签订并执行解除原股权转让合同、退回股权的协议，是另一次股权转让行为，对前次转让行为征收的个人所得税款不予退回。

（2）股权转让合同未履行完毕，因执行仲裁委员会作出的解除股权转让合同及补充协议的裁决、停止执行原股权转让合同，并原价收回已转让股权的，由于其股权转让行为尚未完成、收入未完全实现，随着股权转让关系的解除，股权收益不复存在，纳税人不应缴纳个人所得税。

3.7.7　个人转让限售股征收个人所得税方法

（1）自2010年1月1日起，个人转让限售股取得所得，按照“财产转让所得”，适用20%的比例税率征收个人所得税。

应纳税所得额＝限售股转让收入－（限售股原值＋合理税费）

应纳税额＝应纳税所得额 ×20%

（2）如果纳税人未能提供完整、真实的限售股原值凭证的，不能准确计算限售股原值的，主管税务机关一律按限售股转让收入的15%核定限售股原值及合理税费。

（3）纳税人同时持有限售股及该股流通股的，其股票转让所得，按照限售股优先原则，即转让股票视同为先转让限售股，按规定计算应缴纳的个人所得税金额。

王五是吉祥公司的股东，在吉祥公司2014年3月1日上市之前持有该公司的股权，上市之后持有吉祥公司的限售股股票5000万股，初始购入价为1.00元/股，限售期3年，2019年取得股息红利8000万元，其中限售期内取得股息红利6000万元。2019年9月转让600万股，转让价16.00元/股。请问王五转让限售股如何缴纳个人所得税？

解析：王五转让限售股股票应按规定缴纳个人所得税，假如将转让过程中发生的印花税、佣金、过户费等与交易相关的税费忽略，应缴纳个人所得税 1800 万元。

应纳个人所得税额为：（600×16.00–600×1.00）×20%=9000×20%=1800（万元）。

王五转让转让限售股股票应缴纳个人所得税 1800 万元，以王五开户的证券机构为扣缴义务人，在王五开户的证券机构所在地主管税务机关纳税。

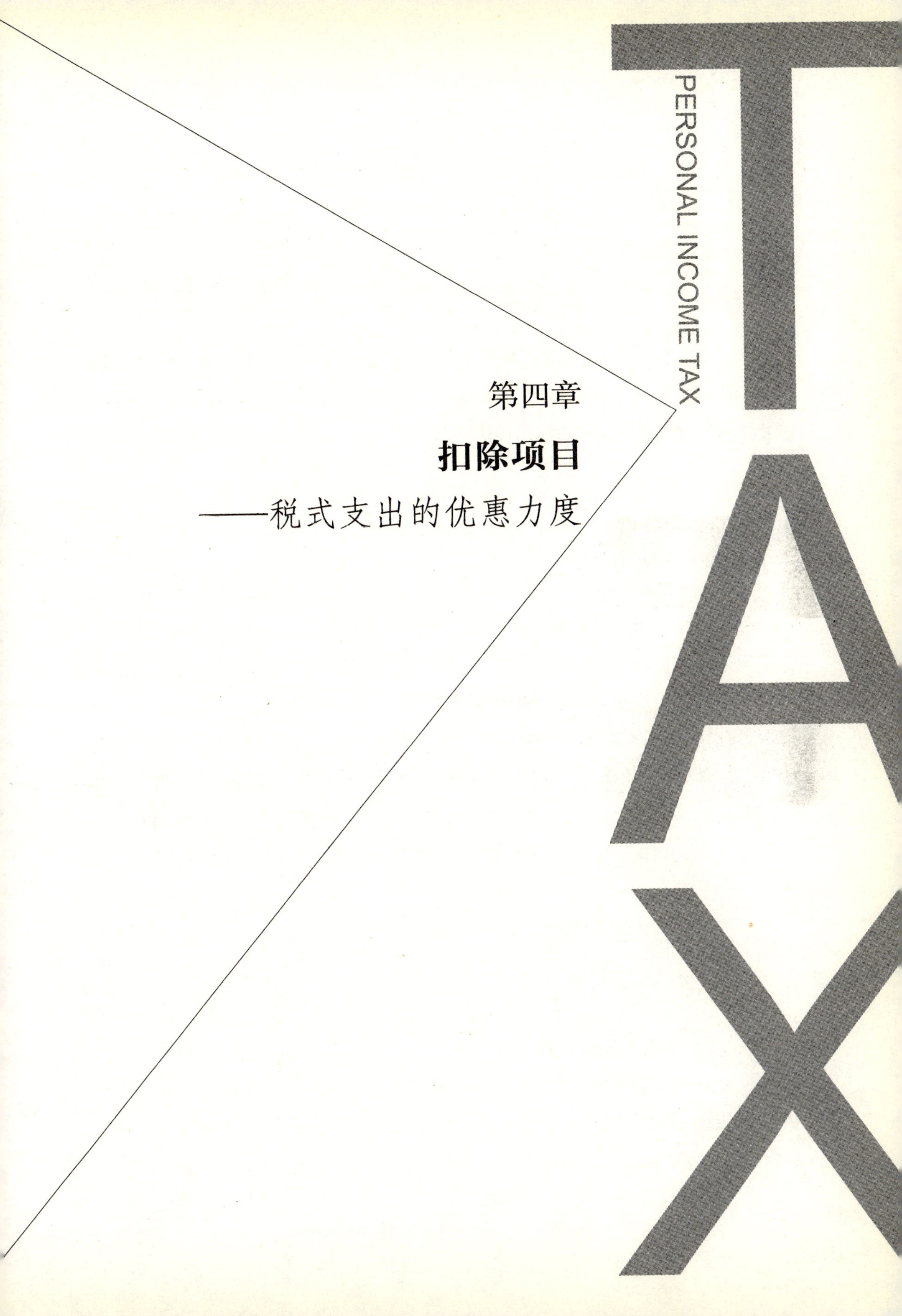

第四章

扣除项目

——税式支出的优惠力度

新《个人所得税法》规定在计算个人综合所得的应纳税所得额时可以税前列支的扣除项目包括基本减除费用、专项扣除、专项附加扣除以及依法确定的其他扣除，下面将分别具体地介绍这四类扣除项目在计算个人所得税时的具体操作方法。

4.1 基本减除费用

基本减除费用也就是我们常说的个人所得税起征点，正确的叫法应为个人所得税免征额，即在个人综合所得总额中免予征税的数额。它是按照一定标准从个人综合所得总额中预先减除的数额。免征额部分不征税，只对超过免征额的部分征税。例如，个人所得税的免征额为 5000 元，你当月综合所得总额是 5001 元，那么当月的综合所得中的 5000 元就免予征收个人所得税，只就超出的 1 元钱缴税；如果是起征点，则是按照你当月的所得总额若不到 5000 元的则不用交税，超出 5000 元时需要全额缴税，即以 5001 元为计税基础缴纳个人所得税。

4.2 专项扣除

个人所得税专项扣除，是对现行规定允许扣除的“三险一金”（即居民个人按照国家规定的范围和标准缴纳的基本养老保险、基本医疗保险、失业保险和住房公积金）进行归纳后的一个概念。其法定扣除内容并没有发生变化，只是新增一个“专项扣除”的新概念而已。

"三险一金"仅包括基本养老保险费、基本医疗保险费和失业保险费和住房公积金。企事业单位需要按照国家或省（自治区、直辖市）人民政府规定的缴费比例或办法为个人实际缴付的"三险一金"才免税，个人只有按照国家或省（自治区、直辖市）人民政府规定的缴费比例或办法实际缴付的"三险一金"才能在个人所得税前扣除，超标的部分（包括单位和个人）均计入个人当月工资薪金总额缴纳个人所得税。其中需要关注的是住房公积金的缴费比例最高为12%，缴费基数最高为职工工作地所在设区城市上一年度职工月平均工资的3倍。

4.3　专项附加扣除

专项附加扣除，是指个人所得税法规定的子女教育、继续教育、大病医疗、住房贷款利息或者住房租金、赡养老人等专项附加扣除。专项附加扣除遵循公平合理、利于民生、简便易行的原则。根据教育、医疗、住房、养老等民生支出变化情况，适时调整专项附加扣除范围和标准。下面对各项专项附加扣除进行具体分析和解读。

4.3.1　子女教育

子女教育这项专项附加扣除是指纳税人的子女接受全日制学历教育的相关支出，按照每个子女每月1000元的标准定额扣除。其中全日制学历教育包括义务教育（小学、初中教育）、高中阶段教育（普通高中、中等职业、技工教育）、高等教育（大学专科、大学本科、硕士研究生、博士研究生教育）。对于年满3岁至小学入学前处于学前教育阶段的子女，也属于扣除范围。

扣除办法是父母可以选择由其中一方按扣除标准的100%扣除，也可以选择由双方分别按扣除标准的50%扣除，具体扣除方式在一个纳税年度内不能变更。

小贴士

子女满3周岁，但未入幼儿园的，仍需要填写就读学校或者就读国家（地区）。如果不填写，将可能导致此条信息之后信息采集失败，影响个人享受专项附加扣除。子女处于满3周岁至小学入学前的学前教育阶段，但确实未接受幼儿园教育的，仍可享受子女教育扣除，就读学校可以填写“无”。

根据《国家税务总局关于发布〈个人所得税专项附加扣除操作办法（试行）〉的公告》（国家税务总局公告2018年第60号）第十二条，享受子女教育附加扣除的，纳税人应当填报配偶及子女的姓名、身份证件类型及号码、子女当前受教育阶段及起止时间、子女就读学校以及本人与配偶之间扣除分配比例等信息。在境内就读的，税务机关可以获取教育部门的学籍信息，纳税人不需留存资料备查。子女在境外接受教育的，纳税人应当留存境外学校录取通知书、留学签证等境外教育佐证资料。

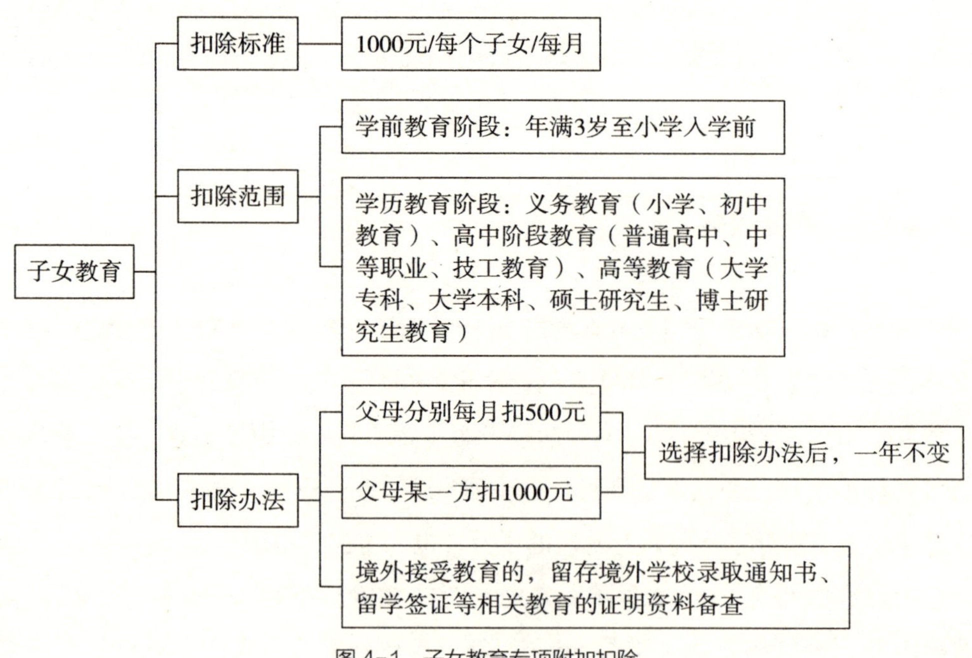

图4-1　子女教育专项附加扣除

子女教育这项专项扣除中的子女包括婚生子女、非婚生子女、养子女、继子女。也包括未成年但受到本人监护的非子女，也就是说该项扣除的主体是子女的法定监护人，包括生父母、继父母、养父母，父母之外的其他人担任未成年人的监护人的，比照执行。比如，王先生每月的工资为 15000 元，今年女儿 7 岁了，准备去读小学一年级，那么子女教育专项附加扣除如何操作？15000-5000（起征点）-1200（三险一金）-1000（子女教育）=7800（元），也就是说王先生实际需要纳税的金额是 7800 元。而没有增加子女教育专项附加扣除时，王先生需要纳税的金额是 8800 元。

小敏家响应国家号召，生了“二孩”，一个孩子 3 岁，一个 5 岁，经过夫妻俩商议，决定全部从小敏这边扣除。小敏每月工资 8000 元，那么，小敏该交多少个人所得税呢？

解析：根据税法规定，小敏符合子女教育专项附加扣除的标准，因此，她需要缴税的部分为：

5000+1000×2=7000（元）；

8000-7000=1000（元）

温馨提示：国家推广“二孩”政策，因此家中有两个孩子的纳税人可扣除 2 份。

小张和小李不是侄女小婷的亲生父母，但是他们是小婷的法定监护人，负有抚养和教育未成年的小婷的义务。因此，小张和小李也可以依法申报享受子女教育扣除。该项附加扣除的扣除标准为按照每个子女每个月 1000 元的定额进行扣除，并且对于每个子女的这项扣除，父母都可以选择由一人 100% 扣除，或者两人按 50% 分别扣除。

小刘和小王有一对儿女，大儿子上初中，小女儿上小学，均属于子女教育专项附加扣除的扣除范围。对于大儿子教育支出的附加扣除，

小刘和小王商议由小刘一人100%扣除；对于小女儿教育支出的附加扣除，小刘和小王各扣50%，也就是说，小刘每月子女教育专项附加扣除金额为1500元；小王每月则可以扣除500元，且这种扣除方法一年内都不能改变，一年之后，两人也可以重新协商具体的扣除办法。

张先生夫妇二人育有一个2岁半的女儿，正就读于某私立幼儿园。针对这一事项，张先生夫妇二人在计算个人所得税综合所得时，应当如何选择专项附加扣除？

解析：这不符合专项附加扣除政策。个人所得税纳税人的子女接受全日制学历教育的相关支出，按照每个子女每月1000元的标准定额扣除；这里的学前教育，包括年满3岁至小学入学前教育。本案例两人的女儿不满3岁，因此不符合专项附加扣除政策。

张先生夫妇二人育有两个儿子，大儿子15岁，正就读某公立中学高中三年级，小儿子4岁，正就读某私立幼儿园中班。针对这一事项，张先生夫妇二人在计算个人所得税综合所得时，应当如何选择专项附加扣除？

解析：张先生夫妇的两个儿子分别接受全日制学历教育和年满三岁的学前教育，可以按每人每月1000元的标准定额扣除，合计每月2000元标准定额扣除。经张先生夫妇约定，双方可以分别按每名子女每月500元标准定额扣除；也可以由父母其中一方按1000元／月扣除。因此，夫妻双方可以选择由一方按2000元／月标准定额扣除；也可以选择夫妻双方均按1000元／月标准定额扣除；还可以选择由其中一方按1500元／月标准定额扣除、另一方按500元／月标准定额扣除。同时须注意的是，扣除方式一经选择，一个纳税年度内不得变更。

小贴士

子女接受学历全日制教育中的寒暑假不影响父母享受子女教育专项附加扣除。只要纳税人未填写终止受教育时间，当年一经采集，全年不中断享受。

4.3.2　继续教育

继续教育这项附加扣除包括两种不同的继续教育，其一是学历（学位）继续教育，其二是职业资格继续教育以及专业技术人员职业资格继续教育。对于学历（学位）继续教育，扣除标准为每月 400 元定额扣除，同一项学历（学位）继续教育以 48 个月即 4 年为限。

接受本科及以下学历（学位）继续教育，符合规定扣除条件的，可以选择由其父母扣除，也可以选择由本人扣除；接受本科以上学历（学位）继续教育只能由本人按每月 400 元定额扣除。对于职业资格继续教育以及专业技术人员职业资格继续教育，扣除办法为在取得相关证书的当年，按照 3600 元定额扣除。

小贴士

继续教育专项附加扣除的范围限定学历继续教育、技能人员职业资格继续教育和专业技术人员职业资格继续教育的支出，上述培训之外的花艺等兴趣培训不在税前扣除范围内。

学历（学位）继续教育是指非全日制的学历（学位）继续教育，本科及以下，可以选择由父母或者由本人扣除；本科以上，只能由本人扣除。如果是全日制学历教育的本科生、硕士研究生、博士研究生，应当由其父母按照子女教育进行扣除。学历（学位）继续教育的扣除期限是在中国境内接受学历（学位）继续教育入学的当月至学历（学位）继续教育结束的当月，但同一学历（学位）继续教育的扣除期限最长不得超过48个月。需要注意的是，这“48个月”包括纳税人因病、因故等原因休学且学籍继续保留的休学期间，以及施教机构按规定组织实施的寒暑假期连续计算。

小元今年参加自学考试，并成功进入了理想的学校，她每月工资6000元，按照税法规定，她每月需要缴税的部分为：

5000+400=5400（元）

6000−5400=600（元）

如果小元考取的是会计职称或注册会计师这类的职业资格，她的继续教育专项附加扣除则为取得相关证书的年度，每年3600元定额扣除。

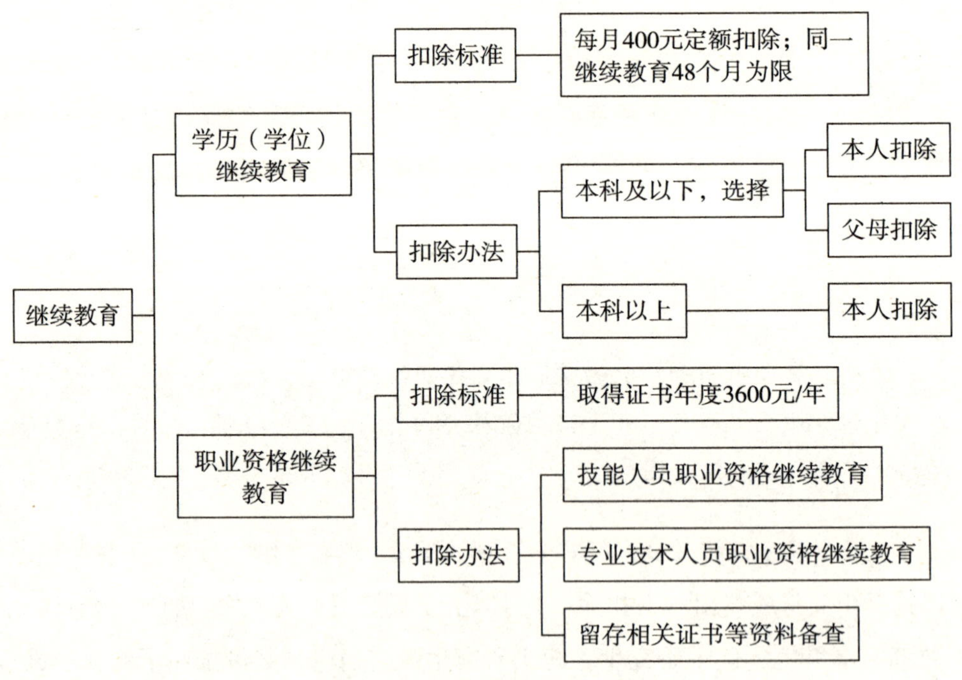

图4-2　继续教育专项附加扣除

小王2019年9月考上了某大学非全日制的税务硕士研究生，后因故休学一年但学籍继续保留，在计算小王的该学历（学位）继续教育的扣除期限时，应当包含小王休学的这一年12个月的时间。小王休学一年后于2021年9月重新接受税务硕士的继续教育，经过了一年的学习之后，又因其他原因最终并未取得学历（学位）证书。虽然小王接受硕士研究生的继续教育并未取得学历（学位）证书，但是在小王接受学历（学位）继续教育的期间是可以享受不超过48个月为限的每月400元定额扣除的。这是因为纳税接受学历继续教育是按照学籍信息进行相关扣除，不考察最终是否取得证书，因此纳税人也无须保存相关资料。

小明通过自己的努力学习完成了税务硕士研究生的学历（学位）继续教育，但他想要继续进修另一门专业的硕士研究生学位，小明可以继续重新按第二次参加学历（学位）继续教育扣除，并且扣除期限也应当重新计算，最长不得超过48个月。

职业资格继续教育以及专业技术人员职业资格继续教育，是在取得证书的当年，按3600元定额扣除。同时，纳税人接受技能人员职业资格继续教育、专业技术人员职业资格继续教育的，应当留存相关证书等资料备查。

小芳在工作之余，不仅接受博士研究生的继续教育（在扣除期限范围内），同时还参加了两项专业技术人员职业资格继续教育，并且在2019年获得了两个技能人员职业资格证书，那么小芳在2019年可以按照学历（学位）继续教育每月扣除400元，全年也就是4800元；同时小芳还可以按照取得的专业技术人员资格证书在2019年扣除3600元，需要注意的是，即使小芳2019年取得了两项职业资格证书，但是只能按照3600元定额扣除。

4.3.3 大病医疗

大病医疗这项专项附加扣除是指在一个纳税年度内，纳税人发生的与基本医保相关的医药费用支出，扣除医保报销后个人负担（指医保目录范围内的自付部分）累计超过 15000 元的部分，可以由纳税人在办理年度汇算清缴时，在 80000 元限额内据实扣除。

纳税人发生的医药费用支出可以选择由本人或者其配偶扣除；未成年子女发生的医药费用支出可以选择由其父母一方扣除。纳税人及其配偶、未成年子女发生的医药费用支出，应当按照规定分别计算扣除额。纳税人应当留存医药服务收费及医保报销相关票据原件（或者复印件）等资料备查。医疗保障部门应当向患者提供在医疗保障信息系统记录的本人年度医药费用信息查询服务。

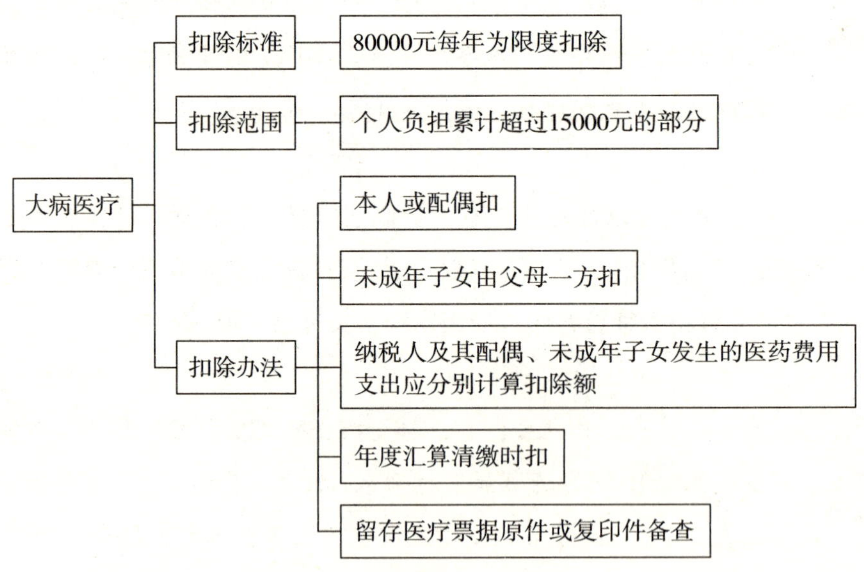

图 4-3 大病医疗专项附加扣除

小贴士

纳税人日常看病时，应当注意留存医疗服务收费相关票据原件（或复印件）备查，同时，可以通过医疗保障部门的医疗保障管理信息系统查询本人上一年度医药费用情况。纳税人在年度汇算清缴时填报相关信息申请退税。纳税人需留存医疗服务收费相关票据复印件备查。

小郭和小宋是一对夫妻，在2019年两人同时有符合条件的大病医疗支出，夫妻俩可以选择上述的大病医疗支出在双方各自扣除，夫妻两人各自按扣除限额80000元为限据实扣除；或者选择均在男方扣除，但是选择均在男方扣除时，男方的大病医疗支出的最高扣除限额仍为80000元。

扣除的时期是在次年3月1日至6月30日汇算清缴时扣除。同时在2019年，小郭的父亲也发生了大病医疗支出，但是该项支出目前并未纳入大病医疗专项扣除的范围之中，也就是说目前未将纳税人的父母纳入大病医疗扣除范围。但是如果是小郭和小宋的未成年子女发生了大病医疗支出是可以选择由父母一方扣除的。

一家四口分别为父亲、母亲、儿子、女儿，父亲当年的医药费用支出自付部分为10000元，母亲为20000元，儿子为30000元，女儿为16000元。假设全部由父亲扣除，则父亲本人的10000元因未达起扣线，不予扣除；母亲、儿子、女儿均达起扣线，分别可扣除20000–15000=5000（元）、30000–15000=15000（元）、16000–15000=1000（元），则全家的大病医疗支出合计可使父亲的累计预扣预缴应纳税所得额减少21000元。

假设夫妻两人都生病了，每个人发生了10000元的医药费，就是个人的自付部分10000元，合起来是20000元，超过了这15000元，他能不能享受？

解析：这个是不行的，因为下有起点，这个起点是要分别看是否达到了15000元的起点；同样上有顶点，顶点是8万元，是指每个人都可以最高扣除8万元，这个也是可以分别计算的。

纳税人发生的医药费用支出可以选择由本人或者其配偶扣除；未成年子女发生的医药费用支出可以选择由其父母一方扣除。

4.3.4 住房贷款利息

住房贷款利息这项专项附加扣除是指纳税人本人或者配偶单独或者共同使用商业银行或者住房公积金个人住房贷款为本人或者其配偶购买中国境内住房，发生的首套住房贷款利息支出，在实际发生贷款利息的年度，按照每月1000元的标准定额扣除，扣除期限最长不超过240个月。并且纳税人只能享受一次首套住房贷款的利息扣除。上述首套住房贷款是指购买住房享受首套住房贷款利率的住房贷款。

经夫妻双方约定，可以选择由其中一方扣除，具体扣除方式在一个纳税年度内不能变更。夫妻双方婚前分别购买住房发生的首套住房贷款，其贷款利息支出，婚后可以选择其中一套购买的住房，由购买方按扣除标准的100%扣除，也可以由夫妻双方对各自购买的住房分别按扣除标准的50%扣除，具体扣除方式在一个纳税年度内不能变更。

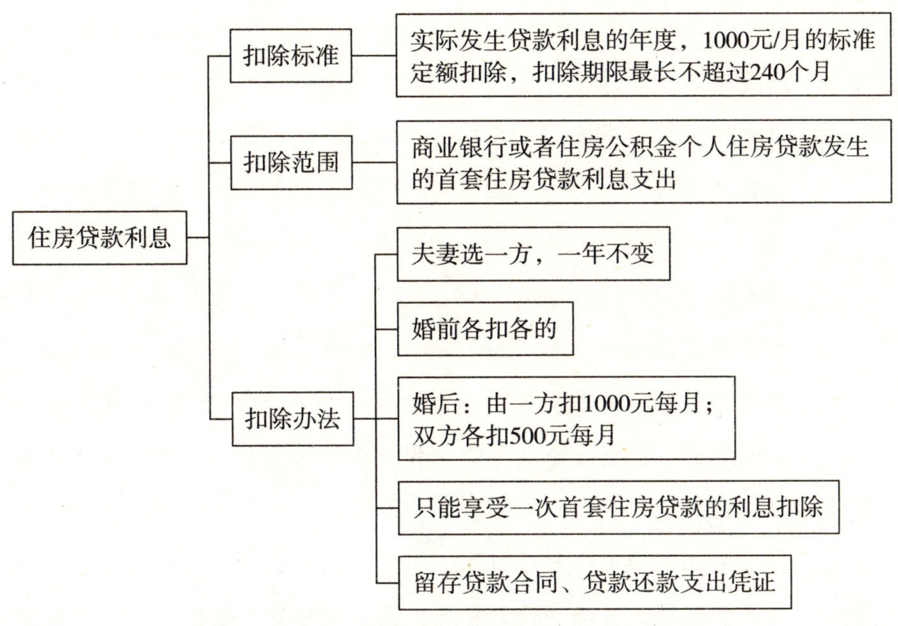

图 4-4　住房贷款利息专项附加扣除

小齐 2019 年和妻子使用住房公积金购买了他们的第一套房子，由于是首套住房，且使用了住房公积金，可以享受住房贷款利息专项附加扣除，经过夫妻二人的商议，决定由小齐一方扣除。小齐月收入为 7000 元，那么小齐每月须缴纳多少个人所得税？

5000+1000=6000（元）

7000−6000=1000（元）

小贴士

非首套住房不能享受该项专项附加扣除；一个纳税年度内不得更换扣除方；办理该项专项附加扣除需要留存住房贷款合同、贷款还款支出凭证。

在 2019 年，小张和小李是一对情侣，两人在上海工作，并且两人分别购买了住房且发生了首套住房贷款，则小张发生的首套住房贷款利息可以按照每月 1000 元的标准定额扣除，小李发生的首套住房贷款利息也可以按照每月 1000 元的标准定额扣除。过了两年，2021 年，小张和小李成为夫妻，他们两人应当选择其中一套购买的住房，由购买方按扣除标准的 100% 扣除，也可以由夫妻双方对各自购买的住房分别按扣除标准的 50% 扣除，也就是说，可以选择小李（或小张）在婚前购买的住房由小李（或小张）一人扣除每月 1000 元的住房贷款利息支出，也可以选择小张和小李每人每月扣除 500 元，具体扣除方式在选择后一个纳税年度内不能变更。如果小张和小李为了工作便利，又在工作单位附近租了一间房，发生了住房租金支出，此时，两人只能选择扣住房贷款利息支出或者住房租金支出中的一项扣除。

赵先生和张小姐为夫妻，目前用公积金贷款买了首套房，由于是期房，因此现在还在租房住。不过因为有了房产，不可以享受住房租金抵扣，因此本次抵扣的是住房贷款利息 1000 元。赵先生的税前收入是 10000 元，张小姐税前收入是 5000 元，他们商量决定用赵先生的收入抵扣，那么住房贷款利息专项扣除怎么操作？

解析：10000–5000（起征点）–1300（三险一金）–1000（住房贷款利息）=2700（元），那么在扣除住房贷款利息以后，赵先生需要纳税的部分金额为 2700 元，在没有抵扣前，需要纳税的金额为 3700 元。

住房贷款扣除“首套住房贷款利率”是否就按银行的标准？因为银行在不同时期对首套住房贷款的标准掌握不同，如纳税人甲名下共有 3 套住房，2 套住房有贷款，其中 1 套住房贷款在前几年贷的时候由于名下没有住房贷款而符合“首套房贷款利率”条件，是否甲就可以享受扣除？而纳税人乙名下共有 2 套住房，第 1 套住房无贷款，其中第 2 套由于在近两年房产调控时购买，银行首套房贷款标准收紧，已不符合“首套房贷款利率”条件，是否乙就不能享受扣除?

正确的解读应该是，“首套住房贷款利率”按中国人民银行规定的标准执行，只要住房贷款利率享受的是银行首套房贷利率，即可以享受此项扣除，每人（家庭）只能享受一次首套房贷利息扣除。对上述案例中的甲，有 3 套房子，但其中有一套符合“首套住房贷款利率”，可以享受此项扣除。乙第一套房屋未贷款，第二套房屋贷款，银行未让其享受“首套住房贷款利率”，不符合有关扣除条件，不得扣除住房贷款利息。

将扣除范围限定于首套房贷款利息支出，是为了与“分城施策”的房地产调控政策相衔接，兼顾调控效果，体现“房住不炒”的中央精神，更好地保障基本居住需求。

此外，目前商业银行贷款月均利息为 1025 元至 1189 元，税法规定每月 1000 元的扣除标准，与此较为接近。从国际上看，韩国、墨西哥、意大利等国房贷利息扣除限额占人均月工资 10% 到 15%，上述扣除标准约占我国人均月工资 15%，处于较高水平。

4.3.5　住房租金

住房租金这项专项附加扣除是指纳税人在主要工作城市没有自有住房而发生的住房租金支出，可以按照以下标准定额扣除：（1）直辖市、省会（首府）城市、计划单列市以及国务院确定的其他城市，扣除标准为每月 1500 元；（2）除上述第（1）项所列城市以外，市辖区户籍人口超过 100 万人的城市，扣除标准为每月 1100 元；市辖区户籍人口不超过 100 万人的城市，扣除标准为每月 800 元。市辖区户籍人口，以国家统计局公布的数据为准。纳税人的配偶在纳税人的主要工作城市有自有住房的，视同纳税人在主要工作城市有自有住房。那么在该城市再发生的住房租金不能享受住房租金专项附加扣除。

以石家庄市为例，纳税人在石家庄郊区有房，在石家庄市区工作，视为当地有房，不可以扣除租金。如果夫妻双方主要工作城市相同的，只能由一方扣除住房租金支出；如果夫妻双方主要工作城市不同，则可以由双方各自扣除。住房租金支出由签订租赁住房合同的承租人扣除。纳税人应当留存住房租赁合同、协议等有关资料备查。

上述扣除标准较大程度地覆盖了全国平均租金支出水平，同时兼顾了各地租金水平的差异性。住房租金扣除标准总体上略高于房贷利息扣除标准，体现了对租房群体的照顾。采取定额扣除而不按租金发票限额据实扣除，是考虑了目前租房市场的实际情况，即大部分租赁行为并没有开具发票，如果把发票作为前置条件，会增加纳税人负担，还会推高租金价格。房租扣除方式为依据住房租赁合同扣除，这样比较容易拿到证据。

李小姐每月的工资为8000元，目前正在长沙租房，那么住房租金专项附加扣除如何操作？

8000–5000（起征点）–1000（三险一金）–1200（住房租金）= 800（元），那么李小姐实际需要纳税的金额为800元，如果住房租金没有用于抵扣个人所得税，那么李小姐需要纳税的金额为2000元。

小宇在省会城市工作，一直没有购买住房，租房生活，月薪8000元，可享受到住房租金专项附加扣除的政策，那么她每月需纳税部分为：

5000+1200=6200（元）

8000–6200=1800（元）

温馨提示：承租住房地政策不同，扣除标准也不同：直辖市、省会城市、计划单列市以及国务院确定的其他城市，扣除标准为每年14400元（每月1200元）；其他城市的，市辖区户籍人口超过100万人的，扣除标准为每年12000元（每月1000元）；其他城市的，市辖区户籍人口不超过100万人（含）的，扣除标准为每年 9600 元（每月 800 元）。

对于住房租金支出的专项附加扣除，扣除条件总结为以下三点：第一，本人及配偶在主要工作城市无自有住房；第二，本人及配偶扣除年度未扣除住房贷款利息支出；第三，本人及配偶主要工作城市相同的，该扣除年度配偶未享受过住房租金支出扣除。

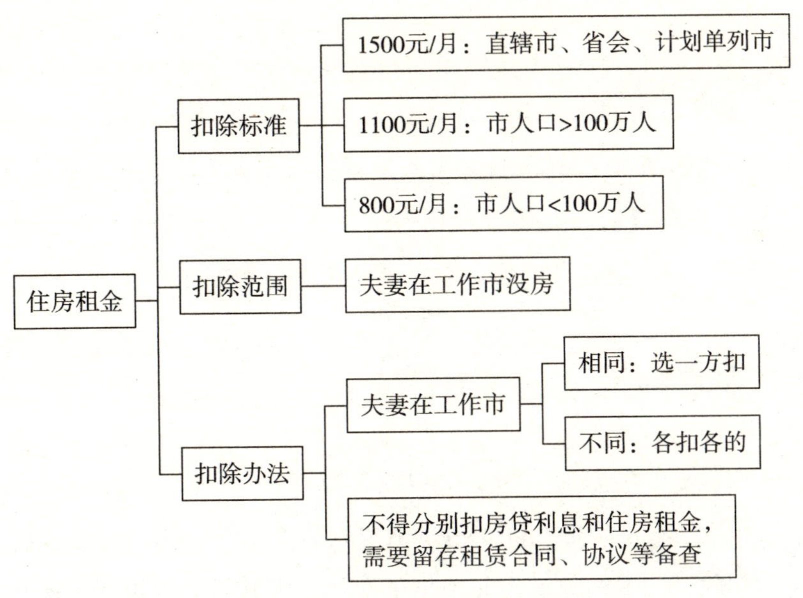

图 4-5　住房租金专项附加扣除

小黄和同事小罗在北京工作，由于两人都没有自有住房，所以只能在工作单位就近合租了一间公寓，两人分别与出租方签署了规范的租房合同，所以小黄和小罗都可以按照每月 1500 元的定额在税前扣除住房租金支出。后来，小黄由于不适应当前的租处，就重新在附近找了别的公寓，但是由于之前租住的公寓期限并未到期，换租住处造成中间有重叠租赁月份，小黄在就住房租金填报专项扣除的时候，虽然出现了一个月同时租住两处住房，但是只能填写其中一处；中间月份更换租赁住房的，不能填写两处租赁日期有交叉的租赁住房信息。

小贴士

如果此前已经填报过住房租赁信息的，只能填写新增租赁信息，且必须晚于上次已填报的住房租赁日期截止所属月份。确需修改已填报信息的，需联系扣缴义务人在扣缴客户端修改。

小罗由于工作原因当年一直外派并在外派当地租房居住，此时，如果公司为外派员工解决住宿问题的，则小罗不应扣除住房租金；如果小罗自行解决租房问题，对于一年内多次变换工作地点的，小罗应及时向扣缴义务人或者税务机关更新专项附加扣除相关信息，允许一年内按照更换工作地点的情况分别进行扣除。

4.3.6 赡养老人

赡养老人这项专项附加扣除是指纳税人赡养一位及以上被赡养人的赡养支出，统一按照以下标准定额扣除：（1）纳税人为独生子女的，按照每月 2000 元的标准定额扣除；（2）纳税人为非独生子女的，由其与兄弟姐妹分摊每月 2000 元的扣除额度，每人分摊的额度不能超过每月 1000 元。可以由赡养人均摊或者约定分摊，也可以由被赡养人指定分摊。约定或者指定分摊的须签订书面分摊协议，指定分摊优先于约定分摊。具体分摊方式和额度在一个纳税年度内不能变更。上述所称的被赡养人是指年满 60 岁的父母，以及子女均已去世的年满 60 岁的祖父母、外祖父母。

小成是独生子女，家里的老人年龄都超过了 60 岁，他每月收入为 9000 元，可享受赡养老人专项附加扣除，那么她每月需纳税部分为：

5000+2000=7000（元）

9000−7000=2000（元）

小贴士

如果夫妻二人都为独生子女且符合扣除标准，则夫妻二人可分别扣除相关支出；如果是非独生子女，则应与兄弟姐妹分摊扣除额度。

符合赡养老人这项专项附加扣除的条件如下：（1）纳税人是独生子女，且父母中有一方年满 60 周岁的，纳税人可以按照规定标准扣除。（2）纳税人为非独生子女的，且父母中有一方年满 60 周岁的，纳税人可以与其兄弟姐妹按照规定标准分摊扣除。（3）具体分摊方式包括兄弟姐妹按人数均摊、兄弟姐妹约定分摊以及由其父母指定分摊。在约定分摊和指定分摊方式下，每个纳税人的扣除金额不能超过规定扣除标准的 50%，且指定分摊方式优先。（4）被赡养老人的子女都去世的，可以由孙子女、外孙子女按照上述规定扣除。

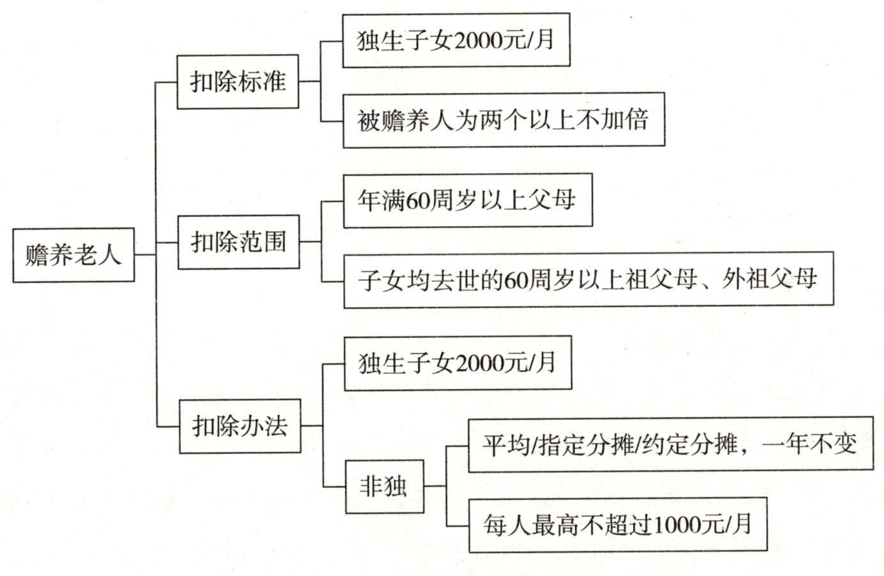

图 4-6　赡养老人专项附加扣除

需要注意以下两点问题：（1）纳税人赡养 2 个及以上老人的，不按老人人数加倍扣除。（2）祖父母、外祖父母的子女已经去世，实际承担对祖父母、外祖父母赡养义务的孙子女、外孙子女可以扣除相关支出。

根据赡养老人专项附加扣除的规定可知，被赡养人只能是年满 60 岁的父母（父母其中一方年满 60 岁即可）以及子女均已去世的年满 60 岁的祖父母、外祖父母（同理只需一方年满 60 岁即可），如果是赡养岳父、岳母或公婆的费用则不属于上述被赡养人的范围。同时值得注意的是，对于独生子女来说，赡养老人的扣除标准为每月 2000 元，对于非独生子女而言，无论采用由被赡养人制定分摊，还是均摊或约定分摊的方法，非独生子女的扣除限额都为每月 1000 元。

2019 年，小红的父母均年满 60 岁，小红不是独生子女，她有一个丧失了劳动力且并未工作的哥哥，以及一位未参加工作的未成年的弟弟，也就是说，在小红家中只有小红一个人在工作，但是对于小红而言赡养老人的扣除限额仍然为每月 1000 元。等到小红的弟弟成年并且开始工作之后，小红和她的弟弟可以选择均摊的方式两人分别每月扣除 1000 元，采取均摊方式只需向税务机关填报相应的信息即可，不需要留存资料。如果小红有两个弟弟都参加工作，那么他们三人可以均摊，也可以选择采取约定分摊或者由其父母指定分摊的方式，此时则须签订书面分摊协议并由自己留存备查。

陈先生与妻子李女士在上海工作且名下都无住房，每月发生固定租金支出（两人皆为承租人）；他们共同育有 2 个子女（均在接受九年义务教育阶段）；陈先生与李女士均为独生子女，且双方父母均已满 60 岁；李女士及儿子当年度由于身体欠佳，分别支出大病医疗费用（医保目录范围内自付部分）8.5 万元和 4.5 万元；陈先生当年度扣除三险一金后的年收入为 50 万元，李女士为 25 万元。

根据以上条件，他们可以享受子女教育专项附加扣除（每个子女每月 1000 元）、住房租金专项附加扣除（每月 1500 元），以及李女士和儿子的大病医疗专项附加扣除，即扣除医保报销后个人负担（指医保目录范围内的自付部分）累计超过 1.5 万元的部分，在 8 万元限额内据实扣除。

如果将子女教育、住房租金、李女士及儿子大病医疗全部由李女士来扣除，那么李女士当年应纳税所得额为：扣除三险一金后的年收入（25万元）–年基本减除费用（6万元）–子女教育（2.4万元）–住房租金（1.8万元）–赡养老人（2.4万元）–李女士大病医疗（7万元）–儿子大病医疗（3万元），算下来为2.4万元。参照居民个人工资、薪金所得预扣预缴适用的个人所得税预扣率表，适用扣率是3%，速算扣除数为0，因此李女士的当年应纳税额为720元。

同时，陈先生当年应纳税所得额为：扣除三险一金后年收入（50万元）–年基本减除费用（6万元）–赡养老人（2.4万元），算下来是41.6万元，适用扣率25%，速算扣除数为31920元，陈先生的当年应纳税额为72080元。因此，陈先生和李女士一家当年总共需缴纳个人所得税：720+72080=72800（元）。

如果选择将子女教育、住房租金、李女士及儿子大病医疗全部由陈先生来扣除，参照以上算法，陈先生当年应纳税额为37880元，李女士当年应纳税额为16280元，他们家庭总共需缴纳个人所得税54160元，相比前一种方案，节省个人所得税18640元。

针对夫妻双方可约定一方扣除的专项附加扣除项目，如子女教育、住房贷款利息等，通常情况应在年应纳税所得边际税率高的一方扣除，方可使家庭净收入最大化。因此，夫妻双方在年初决定扣除方式时，需估算各自年收入水平。

但是，若陈先生为非独生子女，其有一兄一妹，则陈先生年度赡养老人支出额度最多为1.2万元，且需与兄妹三人共同分摊年度2.4万元的额度。在这种情况下，陈先生父母或其兄妹三人可在年初根据三人年收入水平商定具体扣除比例及金额，分摊最大额度扣除额（1.2万元／年）至年收入边际税率较高者，以实现兄妹间总体节省个人所得税金额最大化。

【问题】独生子女家庭，父母离异后再婚的，如何享受赡养老人专项附加扣除？

回答：对于独生子女家庭，父母离异后重新组建家庭，在新组建的两个家庭中，如果纳税人对其亲生父母的一方或者双方是唯一法定赡养人，则纳税人可以按照独生子女标准享受每月 2000 元赡养老人专项附加扣除。在填写专项附加扣除信息表时，纳税人需注明与被赡养人的关系。国家税务总局对离异家庭的唯一赡养人，答复是能够参照独生子女的这个标准进行扣除的。

【问题】对有兄弟姐妹，但已经过世目前仅剩纳税人一人的，能否按独生子女标准扣除？

回答：国家税务总局的答复如下："按现行政策规定，独生子女是指一对夫妻生育的唯一子女，因兄弟姐妹去世仅余一人的，不属于独生子女。"

兄弟姐妹都过世了，在这种情况下只剩纳税人一人，他肯定是唯一的赡养人了，但国家税务总局的问答并没有参照离异家庭唯一赡养人可以按独生子女扣除的口径。

2019 年 1 月 8 日，某生物科技有限公司应向杨女士支付工资 13500 元，杨女士在该月除由任职单位扣缴"三险一金"2560 元外，还通过单位缴付企业年金 540 元，自行支付税优商业健康保险费 200 元（"三险一金"各地比例不尽相同，本题数据系为计算方便设置）。

杨女士已于 2018 年 9 月支付了女儿学前教育的 2018 年下学期（2018 年 9 月至 2019 年 1 月）学费 7000 元，大儿子正在上小学，现已与丈夫约定由杨女士按子女教育专项附加扣除标准的 100% 扣除；

杨女士本人是在职博士研究生在读；

杨女士去年使用商业银行个人住房贷款（或住房公积金贷款）

购买了首套住房，现处于偿还贷款期间，每月需支付贷款利息 1300 元，已与丈夫约定由杨女士进行住房贷款利息专项附加扣除；

因杨女士所购住房距离小孩上学的学校很远，以每月租金 1200 元在（本市）孩子学校附近租住了一套房屋；

杨女士的父母均已满 60 岁（每月均领取养老保险金），杨女士与姐姐和弟弟签订书面分摊协议，约定由杨女士分摊赡养老人专项附加扣除 800 元。

请问，1 月预扣预缴杨女士的个人所得税金额为多少？

解析：

1. 杨女士 2019 年 1 月计算个人所得税时可扣除项目如下：

（1）基本扣除费用 5000 元；

（2）专项扣除“三险一金”2560 元；

（3）专项附加扣除 4200 元：

其中，子女教育专项附加扣除 2000 元（女儿和儿子各 1000 元）；继续教育专项附加扣除 400 元；住房贷款利息专项附加扣除 1000 元；赡养老人专项附加扣除 800 元。

（4）依法确定的其他扣除 740 元（企业年金 540 元，支付税优商业健康保险费 200 元）。

2. 杨女士 2019 年 1 月应纳税所得额为：13500−5000−2560−4200−740=1000（元）

3. 1 月预扣预缴杨女士的个人所得税金额为：1000×3%=30（元）

2019 年 2 月 2 日，某生物科技有限公司应支付杨女士工资 13500 元，同时发放春节的过节福利费 4500 元，合计 18000 元。

单位扣缴“三险一金”，杨女士缴付企业年金、支付税优商业健康保险费等金额均与 1 月相同；杨女士可享受的各类专项附加扣除也均与 1 月相同。

请问，2月当月应预扣预缴杨女士的个人所得税金额为多少？

解析：

1. 杨女士2019年2月计算个人所得税时可扣除项目如下：

（1）基本扣除费用5000元；

（2）专项扣除“三险一金”2560元；

（3）专项附加扣除4200元：

①子女教育专项附加扣除2000元（女儿和儿子各1000元）；

②继续教育专项附加扣除400元；

③住房贷款利息专项附加扣除1000元；

④赡养老人专项附加扣除800元。

（4）依法确定的其他扣除740元（企业年金540元，支付税优商业健康保险费200元）。

2. 采用累计扣税法计算2019年2月杨女士应预扣预缴的个人所得税：

（1）在1月已预扣预缴杨女士个人所得税30元。

（2）杨女士2月累计应税收入为：13500+13500+4500=31500（元）

（3）杨女士2月累计扣除额为：5000×2+2560×2+4200×2+740×2
=25000（元）

（4）杨女士2月累计预扣预缴应纳税所得额为：31500−25000=6500（元）

（5）2月累计应预扣预缴杨女士个人所得税为：6500×3%=195（元）

（适用税率级次：将当月累计预缴时的应纳税所得额视为全年应纳税所得额，适用对应税率）

（6）2月当月应预扣预缴杨女士个人所得税为：195−30=165（元）

提示：单位每月支付工资、薪金时预扣的个人所得税，依法应当在次月的法定申报期内申报解缴（如2019年2月发放工薪时预扣的个人所得税应在3月的法定申报期内申报解缴）。

小贴士

专项附加扣除并不能直接减免个人所得税，而是需要代入一个公式中进行计算，最后的得数才是个人应当缴纳的个人所得税额。个人应纳所得税额=（税前收入－基本减除费用－“三险一金”－专项附加扣除－法定其他扣除）×税率－速算扣除数。下面通过具体的案例来讲解专项附加扣除在计算个人所得税时的具体操作（详见表4-1、4-2）。

表 4-1　一对夫妻赡养老人、有孩子、有房贷

一对夫妻赡养老人、有孩子、有房贷	
小刘	小王
独生子女	独生子女
父母已过 60 岁	父母已过 60 岁
与小王育有一子，上小学	与小刘育有一子，上小学
家庭住房有首套房房贷	家庭住房有首套房房贷
月薪 15000 元（扣除社保、公积金后）	月薪 9000 元（扣除社保、公积金后）
专项附加扣除：2000 元（赡养老人）+1000 元（子女教育）+1000 元（住房贷款利息）=4000（元）	专项附加扣除：2000 元（赡养老人）
夫妻商定，子女教育、住房贷款利息均由丈夫小刘扣除	
增加专项附加扣除前：小刘应纳所得税额为（15000–5000）×10%–210=790（元）	增加专项附加扣除前：小王应纳所得税额为（9000–5000）×10%–210=190（元）
增加专项附加扣除后：小刘应纳所得税额为（15000–5000–4000）×10%–210=390（元）	增加专项附加扣除后：小王应纳所得税额为（9000–5000–2000）×3%=60（元）
结论：增加专项附加扣除后，小刘和小王夫妻两人每月可少缴个人所得税税额为 530 元，相当于每年少缴 6360 元	

表 4-2　北漂单身女子在北京工作、租房

北漂单身女子在北京工作、租房
小张在北京工作、租房
攻读在职研究生
独生子女且父母已过 60 岁
月薪 12000 元（扣除社保、公积金后）
专项附加扣除：1200 元（住房租金）+400 元（学历学位继续教育）+2000 元（赡养老人）=3600 元
增加专项附加扣除前：小张应纳所得税额为（12000–5000）×10%–210=490（元）
增加专项附加扣除后：小张应纳所得税额为（12000–5000–3600）×10%–210=130（元）
结论：增加专项附加扣除后，小张每月可少缴个人所得税税额为 360 元，相当于每年少缴 4320 元

4.3.7　专项附加扣除申报需要注意的事项

纳税人向收款单位索取发票、财政票据、支出凭证时，收款单位不能拒绝提供。

纳税人首次享受专项附加扣除，应当将专项附加扣除相关信息提交扣缴义务人或者税务机关，扣缴义务人应当及时将相关信息报送税务机关，纳税人对所提交信息的真实性、准确性、完整性负责。专项附加扣除信息发生变化的，纳税人应当及时向扣缴义务人或者税务机关提供相关信息。专项附加扣除相关信息，包括纳税人本人、配偶、子女、被赡养人等个人身份信息，以及国务院税务主管部门规定的其他与专项附加扣除相关的信息。

纳税人需要留存备查的相关资料应当留存五年。

有关部门和单位有责任和义务向税务部门提供或者协助核实以下与专项附加扣除有关的信息：（1）公安部门有关户籍人口基本信息、户口成员关系信息、出入境证件信息、相关出国人员信息、户籍人口死亡标识等信息；（2）卫生健康部门有关出生医学证明信息、独生子女信息；（3）民政部门、外交部门、法

院有关婚姻状况信息；（4）教育部门有关学生学籍信息（包括学历继续教育学生学籍、考籍信息）、在相关部门备案的境外教育机构资质信息；（5）人力资源社会保障等部门有关技工院校学生学籍信息、技能人员职业资格继续教育信息、专业技术人员职业资格继续教育信息；（6）住房城乡建设部门有关房屋（含公租房）租赁信息、住房公积金管理机构有关住房公积金贷款还款支出信息；（7）自然资源部门有关不动产登记信息；（8）人民银行、金融监督管理部门有关住房商业贷款还款支出信息；（9）医疗保障部门有关在医疗保障信息系统记录的个人负担的医药费用信息；（10）国务院税务主管部门确定需要提供的其他涉税信息。

表 4–3　有关部门向税务部门提供或协助核实与专项附加扣除有关的信息

有关部门和单位	核实内容
公安部门	有关身份信息、户籍信息、出入境证件信息、出国留学人员信息、公民死亡标识等信息
卫生健康部门	有关出生医学证明信息、独生子女信息
民政部门、外交部门　最高人民法院	有关婚姻登记信息
教育部门	有关学生学籍信息（包括学历继续教育学生学籍信息），或者在相关部门备案的境外教育机构资质信息
人力资源社会保障等部门	有关学历继续教育（职业技能教育）学生学籍信息、职业资格继续教育、技术资格继续教育信息
财政部门	有关继续教育收费财政票据信息
住房城乡建设部门	有关房屋租赁信息、住房公积金管理机构有关住房公积金贷款还款支出信息
自然资源部门	有关不动产登记信息
人民银行、金融监督管理部门	有关住房商业贷款还款支出信息
医疗保障部门	有关个人负担的医药费用信息

税务机关核查专项附加扣除情况时，纳税人任职受雇单位所在地、经常居住地、户籍所在地的公安派出所、居民委员会或者村民委员会等有关单位和个人应当协助核查。所有的专项附加扣除在纳税人本年度综合所得应纳税所得额

中扣除，本年度扣除不完的，不得结转以后年度扣除。个人所得税专项附加扣除额一个纳税年度扣除不完的，不能结转以后年度扣除。

4.4 法定其他扣除

个人所得税的法定其他扣除包括个人缴付符合国家规定的企业年金、职业年金，个人购买符合国家规定的商业健康保险、税收递延型商业养老保险的支出，以及国务院规定可以扣除的其他项目。

个人缴付的符合国家规定的企业年金、职业年金的具体处理办法如下。企业和事业单位（以下统称单位）根据国家有关政策规定的办法和标准，为在本单位任职或者受雇的全体职工缴付的企业年金或职业年金（以下统称年金）单位缴费部分，在计入个人账户时，个人暂不缴纳个人所得税。个人根据国家有关政策规定缴付的年金个人缴费部分，在不超过本人缴费工资计税基数的 4% 标准内的部分，暂从个人当期的应纳税所得额中扣除。超过上述标准范围而缴付的年金单位缴费和个人缴费部分，应并入个人当期的工资、薪金所得，依法计征个人所得税。税款由建立年金的单位代扣代缴，并向主管税务机关申报解缴。其中企业年金个人缴费工资计税基数为本人上一年度月平均工资。月平均工资按国家统计局规定列入工资总额统计的项目计算。月平均工资超过职工工作地所在设区城市上一年度职工月平均工资 300% 以上的部分，不计入个人缴费工资计税基数。其中，职业年金个人缴费工资计税基数为职工岗位工资和薪级工资之和。职工岗位工资和薪级工资之和超过职工工作地所在设区城市上一年度职工月平均工资 300% 以上的部分，不计入个人缴费工资计税基数。

个人购买符合国家规定的商业健康保险是指自 2017 年 7 月 1 日起，个人自行购买符合规定的商业健康保险产品，可以按照 2400 元 / 年（200 元 / 月）的标准在税前扣除。如果单位统一为员工购买的，视同个人购买，按照单位为每一员工购买的保险金额分别计入其工资薪金，并在 2400 元 / 年（200 元 / 月）

的标准内按月在税前扣除。取得综合所得扣缴申报和按月自行申报时，月度保费大于 200 元的，填写 200 元；月度保费小于 200 元的，按月度保费填写。个体工商户业主、个人独资企业投资者、合伙企业个人合伙人和承包承租经营者申报时，年度保费金额大于 2400 元的，填写 2400 元；年度保费小于 2400 元的，按实际年度保费填写。

国务院规定的其他扣除项目包括下述内容：个人将其所得对教育、扶贫、济困等公益慈善事业进行捐赠，捐赠额未超过纳税人申报的应纳税所得额百分之三十的部分，可以从其应纳税所得额中扣除；国务院规定对公益慈善事业捐赠实行全额税前扣除的，从其规定。

第五章

个人所得税涉外实务

——外籍身份何去何从

【名人语录】

税收的合法性取决于其实质，而不是其名称。

——本杰明·N.卡多佐

5.1 外籍人员涉税管理

近年来，大量外国企业在华设立了子公司，随之而来的还有众多作为企业高管的外籍人士。由于我国对外籍在华人员个人所得税规定较为复杂，且2018年新《个人所得税法》的出台也对其产生一定影响，本书将专门对外籍高管的个人所得税政策进行归纳分析，结合具体案例说明外籍高管在华任职期间取得的各项收入，应如何计算缴纳个人所得税。

“各位网友，我们是国家税务总局北京市税务局的工作人员，今天为大家带来的是个税改革税收知识有奖答题直播。希望通过答题，能够让大家更直观地掌握个税政策，更准确地填报专项附加扣除相关表格。”最近，国家税务总局北京市税务局开展的“主播带你学税法”活动受到了网友的热烈追捧。“政策讲得很清楚，听完课后，我试着参加了个税有奖竞答，还抽中1.3元红包。”网友沐沐说。

海淀区税务局联合海淀区融媒体中心，在今日头条、快手、微博3个平台同步开展“主播带你来答题个税红包我会领”直播。海淀区税务局税务干部樊涛讲解了个税六项专项附加扣除政策和具体操作，在线解答网友提出的问题。带领网友一起参与了北京、上海等5个省市的个税知识竞赛答题活动，抽取答题红包。

在答疑环节，网友“京都小乐乐”说，由于自己身份被冒用，个税缴纳信息显示为某企业财务人员，并且企业状态为非正常，他不清楚该怎么处理。樊涛告诉他，如果是未任职单位冒用了自己的信息，可以在个人所得税APP个人中心的任职受雇信息中点开该公司，然后点击申诉，选择“从未任职”方式，把情况反馈给该公司的主管税务机关，由税务机关展开调查。

通州区税务局的网络直播从有奖答题开始，通过刷各省市个税改革有奖答题二维码进行答题。“今天这个刷题的状态，让我一下子回想起当年高考之前刷各省市高考题的日子”“个税改革黄冈卷，看看你能答几分”“学好个税法，走遍天下都不怕”，主播风趣幽默的风格带起了一波又一波的弹幕高潮。

“之前我自己答题总是答错，抢不到红包，现在有税务部门官方直播答题，我不但学习了政策，而且还能抢到红包了。”一位观看直播的网友通过弹幕表达了自己的心声。

5.1.1 外籍个人涉税政策

改革开放以来，中国在吸引外资方面成果显著，越来越多的境外企业在中国境内设立分支机构和子公司，同时也会派遣外籍员工到中国境内工作，这些外籍员工有的可能会同时被国外的母公司和中国的子公司或分公司作为高管雇用，由此在中国国内税法中便产生对这些外籍高管的工资、薪金等各项所得如何征税的问题。

1. 纳税人身份的确定

在国际税收实践中，对同一项跨境经济活动中产生的所得应由哪个国家征税，涉及国家间的税收管辖权问题，而纳税人居民身份的判定是一国行使居民税收管辖权的前提，也是纳税人享受有关国家相互签订的国际税收协定待遇的重要条件。2019 年 1 月 1 日起施行的《中华人民共和国个人所得税法》重新界定了“个人纳税居民身份”的定义，将中国个人所得税居民纳税人判定标准由满一年调整为满 183 天。新个税法规定：在中国境内有住所，或者无住所而一个纳税年度内在中国境内居住累计满一百八十三天的个人，为居民个人。居民个人从中国境内和境外取得的所得，依照本法规定缴纳个人所得税；而对非居民个人，则仅对其从中国境内取得的所得征税。

表 5-1　非居民纳税人判定标准

	定义（满足任意一条）	纳税范围
居民纳税人	（1）在中国境内有住所 （2）无住所，且一年内在中国境内累计居住满 183 天	从中国境内和境外取得的收入
非居民纳税人	（1）在中国境内无住所、不居住 （2）无住所，且一年内在中国境内累计居住不满 183 天	从中国境内取得的收入

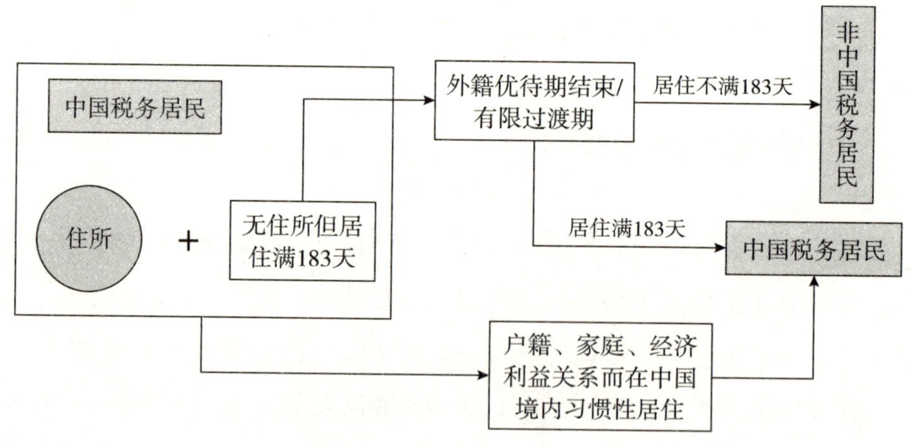

图 5-1　纳税身份判定流程图

需要指出的是，税法上所称“住所”是一个特定概念，不等同于实物意义上的住房。个人所得税法所称在中国境内有住所，是指因户籍、家庭、经济利益关系而在中国境内习惯性居住；所称从中国境内和境外取得的所得，分别是指来源于中国境内的所得和来源于中国境外的所得。按照《个人所得税法实施条例》第二条规定，在境内有住所的个人，是指因户籍、家庭、经济利益关系而在境内习惯性居住的个人。习惯性居住是判定纳税人是居民个人还是非居民个人的一个法律意义上的标准，并不是指实际的居住地或者在某一个特定时期内的居住地。对于因学习、工作、探亲、旅游等原因而在境外居住，在这些原因消除后仍然回到中国境内居住的个人，则中国为该纳税人的习惯性居住地，即该个人属于在中国境内有住所。

2. 应税所得范围的确定

居民纳税人就全球所得纳税，非居民纳税人就境内所得纳税。这里需要指出的是，在理解“境内所得”“境外所得”概念时，需要从“来源”的角度来理解，原则上与其支付地并无直接关联。某项所得来源于境内但是由境外单位支付的，仍属于“境内所得”，非居民身份的外籍员工在中国境内提供劳务，即使支付劳务所得的地点在境外，也属于中国境内所得，需要征税。

3. 非居民个人扣缴方法

2018 年 12 月，国家税务总局发布了《国家税务总局关于全面实施新个人所得税法若干征管衔接问题的公告》（以下简称《公告》)，对个人所得税扣缴制度的变化进行了明确，其中针对在新政下，扣缴义务人（含企业）向居民以及非居民个人支付工资、薪金所得的相关预扣预缴 / 扣缴个人所得税的方法也得以确认。个人所得税法被修改后，无住所居民个人的工资薪金所得应并入综合所得，不再单独计算税额，难以继续采取“先税后分”的方法，《公告》将计税方法调整为“先分后税”，即先根据境内外工作时间及境内外收入支付比例，对工资薪金收入额进行划分，计算在境内应计税的工资薪金收入额，再据此计算应纳税额。同时规定非居民个人取得工资薪金，应按月度工资扣缴，适用月度税率表计税，非居民不能享受专项附加扣除项目和社会保险项目的扣除。非居民个人取得数月奖金的，应按照《公告》规定计算境内计税的工资薪金收入额，不与当月其他工资薪金收入合并，按 6 个月分摊，不减除费用，适用月度税率表计算应纳税额；分摊计税方法，每个非居民个人每一纳税年度只能使用一次。非居民个人取得股权激励的，应按照《公告》规定计算境内计税的工资薪金收入额，不与当月其他工资薪金收入合并，按6个月分摊，不减除费用，适用月度税率表计算应纳税额。非居民个人在一个纳税年度内取得多笔股权激励所得的，应当合并计算纳税；无住所居民个人取得全年一次性奖金或股权激励所得的，按照《财政部　税务总局关于个人所得税法修改后有关优惠政策衔接问题的通知》（财税〔2018〕164号）的有关规定执行。

4. 非居民纳税人个人所得税申报缴纳

至于个人所得税申报缴纳的问题，非居民纳税人维持了原有的按月申报纳税的做法，而居民纳税人在继续实行代扣代缴的前提下，需要在次年进行汇算清缴。综合所得之外的其他所得，本次《个人所得税法》修订也明确了具体的申报和缴纳时间。就扣缴义务人而言，每月所扣的税款，应当在次月十五日内缴入国库，并向税务机关报送纳税申报表。

5. 外籍高管奖金计税方法

《国家税务总局关于调整个人取得全年一次性奖金等计算征收个人所得税方法问题的通知》（国税发〔2005〕9号）文件规定，雇员取得除全年一次性奖金外的其他各种名目奖金，如半年奖、季度奖、加班奖、先进奖、考勤奖等，一律与当月工资、薪金收入合并，按税法规定缴纳个人所得税。需要注意的是，国税发〔2005〕9号文件同时规定，对无住所个人取得上述的各种名目奖金，如果该个人当月在我国境内没有纳税义务，或者该个人由于出入境原因导致当月在我国工作时间不满一个月的，仍按照《国家税务总局关于在我国境内无住所的个人取得奖金征税问题的通知》（国税发〔1996〕183号）计算纳税。

6. 董事费计税方法

《国家税务总局关于明确个人所得税若干政策执行问题的通知》（国税发〔2009〕121号）规定，董事费按劳务报酬所得项目征税方法，仅适用于个人担任公司董事、监事，且不在公司任职、受雇的情形；个人在公司（包括关联公司）

任职、受雇，同时兼任董事、监事的，应将董事费、监事费与个人工资收入合并，统一按工资、薪金所得项目缴纳个人所得税。只有独立董事的董事费可以按照劳务报酬项目缴纳个人所得税，非独立董事的董事费应按工资、薪金所得项目缴纳个人所得税。当税收居民为高管人员，取得的董事费、监事费、工资薪金及其他类似报酬，应优先适用税收协定董事费条款相关规定。如果对方税收居民不适用董事费条款的，应按照税收协定中受雇所得（非独立个人劳务）、独立个人劳务或营业利润条款的规定处理。

7. 对外籍人员居住日的规定

根据国税发〔1995〕155 号文的规定，判断纳税人在税收协定规定的期间在中国境内是否连续或累计居住超过 183 日时，居住时间的确定，应按有关入境证明，依据各税收协定具体规定予以计算。凡税收协定规定的停留期间以历年或纳税年度计算的，应自当年 1 月 1 日起至 12 月 31 日止的期间计算居住时间；凡税收协定规定的停留期间以 12 个月或 365 天计算的，应自缔约国对方居民个人来华之日起，跨年度在任何 12 个月或 365 天内计算其居住时间。

关于判定纳税义务时如何计算在中国境内居住天数问题按国税发〔2004〕97 号文，对在中国境内无住所的个人，需要计算确定其在中国境内居住天数，以便依照税法和协定或安排的规定判定其在华负有何种纳税义务时，均应以该个人实际在华逗留天数计算。上述个人入境、离境、往返或多次往返境内外的当日，均按一天计算其在华实际逗留天数。

所得为人民币以外货币的，按照办理纳税申报或者扣缴申报的上一月最后一日人民币汇率中间价，折合成人民币计算应纳税所得额。年度终了后办理汇算清缴的，对已经按月、按季或者按次预缴税款的人民币以外货币所得，不再重新折算；对应当补缴税款的所得部分，按照上一纳税年度最后一日人民币汇率中间价，折合成人民币计算应纳税所得额。

5.1.2 案例分析

杨先生是外籍人士，在上海市担任知名律师事务所首席代表，既从事律师业务工作，又从事律师事务所管理工作，每年向税务机关申报的个人收入为50万余元，税务机关对其工资、薪金给予了重新核定，最终该外籍人员缴纳个人所得税及罚款合计1000万余元。

解析：

杨先生任知名律所首席代表，既从事律师业务工作，又从事律所管理工作，但每年向税务机关申报的个人收入仅有50万余元，这比所内部分中国籍律师的收入还要低一半，这与律师行业的收入特点是极不相符的。通过层层数据比对、内外资料调取、多方实地取证等途径，最终发现其取得的来源于中国境内的收入并没有反映在工资、薪金上，而是大量以董事费的形式由国外发放并在国外代扣代缴个人所得税，而这些收入在国内并未扣缴个人所得税。

根据《个人所得税法实施条例》第三条规定，因任职、受雇、履约等而在中国境内提供劳务取得的所得，无论支付地点是否在中国境内，均为来源于中国境内的所得。上述案例中，虽然该外籍人士的大量收入是以董事费的形式由国外发放，但因部分收入与境内事务所的工作业绩挂钩，属于和任职受雇相关的境内所得，有义务在中国境内缴纳个人所得税。

实务中，一些外企董事或合伙人可能同时在中国境内设立的机构担任职务并取得不同形式的收入，如分红收入、董事费收入，或工资薪金收入等。税法对外籍高管在不同情形下取得的上述收入如何纳税做了明确规定。

1. 工资、薪金所得

《关于明确个人所得税若干政策执行问题的通知》（国税发〔2009〕121号）第二条第（一）项规定，个人在公司（包括关联公司）任职、受雇，同时兼任董事、监事的，应将董事费、监事费与个人工资收入合并，统一按工资、薪金所得项目缴纳个人所得税。

2. 劳务报酬所得

根据国税发〔2009〕121号文第二条第（二）项规定，外籍个人担任境内公司董事、监事，且不在公司任职、受雇而取得的董事费收入，按劳务报酬所得缴纳个人所得税。

3. 股息红利性质所得

根据《国家税务总局关于外国企业的董事在中国境内兼任职务有关税收问题的通知》（国税函〔1999〕284号）规定，外国企业合伙人在中国境内该企业设立的机构、场所担任职务，应取得工资、薪金所得，但其申报仅以分红形式取得收入时，税务机关可以参照同类地区、同类行业和相近规模企业中类似职务的工资、薪金收入水平核定其每月应取得的工资、薪金收入额征收个人所得税。

我国某大学聘用一名美国籍教授A授课，双方签订了三年劳务合同。A教授在聘用期内每年来华不超过4次，每次2周左右，年薪175000美元（不含中国境内应缴税收入）。

该大学经办人员到地税局主管税务所提交该外籍教授享受税收协定待遇教师条款资料。经税务所询问并进一步查询，发现该大学不具备学历教育资质，其组织性质实际为基金会，且未在教育主管部门备案。

因此，主管税务所判定，美国籍教授A不符合享受中美税收协定待遇教师条款条件。之后，该大学又以非居民纳税人享受中美税收协定独立个人劳务条款为由提交相关资料到地税局主管税务所。地税局国际税收管理科在对主管税务所提交的资料进行审核时，发现该大学和A教授签订的劳务合同中规定，该外籍人受聘于该大学担任教授职务，领取年薪，且该大学为其承担往返机票以及住宿费用等情况。

处理结果：根据《国家税务局关于税收协定独立个人劳务条款执行解释问题的通知》（国税函发〔1990〕609号）文件的规定，税收协定关于独立个人劳务的定义规定，所谓“独立个人劳务”是指以独立的个人身份从事科学、文学、艺术、教育或教师活动以及医师、律师、工程师、建筑师、牙医师和会计师等专业性劳务人员，没有固定的雇主，可以多方面提供劳务。

而本案中的美国籍教授A，在该大学担任教授职务，以受雇身份从事劳务活动取得所得，该大学对其工作的内容、时间和相关责任进行了规定，已经构成了其固定的雇主身份。

根据609号文第二条第二款规定，“其从事劳务服务所取得的劳务报酬，是按相应的小时、周、月或一次性支付”，合同中有明确的“年薪175000美元”字样，可判定美国籍教授A从该大学取得的所得不属于劳务报酬性质。

此外，根据609号文第二条第四款的规定，其为提供合同规定的劳务所相应发生的各项费用，由其个人负担”。

但在某大学与A教授签订的合同中写道“甲方同意为乙方及乙方妻子提供来华授课的头等舱机票，五星级酒店和其他相关费用”，从费用负担来看，美国籍教授A也不符合独立个人劳务条件的判定。国际税收管理科根据上述三点情况，判定该外籍教授不符合享受中美税收协定待遇中独立个人劳务条款条件，扣缴义务人应依照中美税收协定和国内税收法律规定对美国籍教授A代扣代缴个人所得税。

天津某科技有限公司自2015年10月至2017年12月每月申报工资薪金所得5000元，公司法人代表是个日本人，存在外籍人员个人所得税小额申报问题。经了解，该外籍人员的主要经济来源并非仅境内这家公司，而是在中国境内同时为一家日本公司工作，日本公司每月还支付给他3000美元—4000美元的工资。由于该外籍人员每年在中国境内居住超过183天，多数年份居住满一年，其在境内工作期间由日本公司支付的所得，中国具有征税权，其取得的工资收入境内来源境外支付的部分也应在中国纳税。然而，该外籍人员就日本公司支付的工资薪金未在中国境内进行申报纳税。2018年4月26日、5月4日，税务局国际税务管理部门先后两次，就外籍人员个人所得税小额申报问题，对天津某科技有限公司有关人士作了税务约谈。通过约谈了解到，该公司的法定代表人是日本人，每周只在公司工作两天，每月领取工资5000元人民币，在境内大部分时间为日本的一家公司工作，从事家庭教育研究，日本公司按月发放工资并扣税，该外籍人员提供了日本公司每月支付的工资数额。该外籍人员护照出入境记录显示，2013年至2017年其在中国境内停留时间均超过183天，其中2014年、2015年和2017年在中国境内居住满一年。

按照国税发〔2004〕97号文个人计算应纳税额适用公式问题，2013年、2016年适用公式：应纳税额 =（当月境内外工资薪金应纳税所得额 × 适用税率 – 速算扣除数）×（当月境内工作天数 / 当月天数）；

2014年、2015年和2017年适用公式：应纳税额 =（当月境内外工资薪金应纳税所得额 × 适用税率 – 速算扣除数）×（1– 当月境外支付工资 / 当月境内外支付工资总额 × 当月境外工作天数 / 当月天数）。

该外籍人员对工资收入中境内来源境外支付的部分应补缴个人所得税。约谈中，税务部门向外籍个人解释了中国税法、文件规定以及应补缴个人所得税的计算过程，该外籍人员表示愿意补缴税款。

2018年5月14日，该外籍个人补缴个人所得税18.14万元，税务机关加收滞纳金5.69万元。

思考：

1. 关于外籍个人所得税的管理逐步加强。税务机关强化了外籍人员八项补贴核查、个人所得税零申报（小额申报）核查、常设机构个人所得税核查等方面。但总体来说，外籍个人所得税仍然存在底数摸不清、政策把不准和管理不系统等问题。

2. 企业及外籍人员对个人所得税政策把握不准确、理解不到位，经常会暴露出很多涉税问题。目前，个人所得税征求意见稿针对外籍个人的缴纳个人所得税的规定进行了修改。例如：将第一条修改为：在中国境内有住所，或者无住所而一个纳税年度内在中国境内居住满一百八十三天的个人，为居民个人，其从中国境内和境外取得的所得，依照本法规定缴纳个人所得税。

5.2 海外派遣人员涉税管理

随着我国企业“走出去”到海外直接投资，海外派遣员工境内外个人所得税汇算清缴，是很多“走出去”企业关心的话题。海外派遣员工就国内外的收入，应该按照相关税法规定进行税务申报，尤其是近年来我国对个人征信系统的强化，若不能及时汇算清缴而产生滞纳金，甚至有可能会影响到个人将来的征信信用。

劳务派遣方式

1. 直接派遣

直接派遣方式下的劳动合同，受中国劳动法的规范，薪酬应以人民币在中国境内支付。

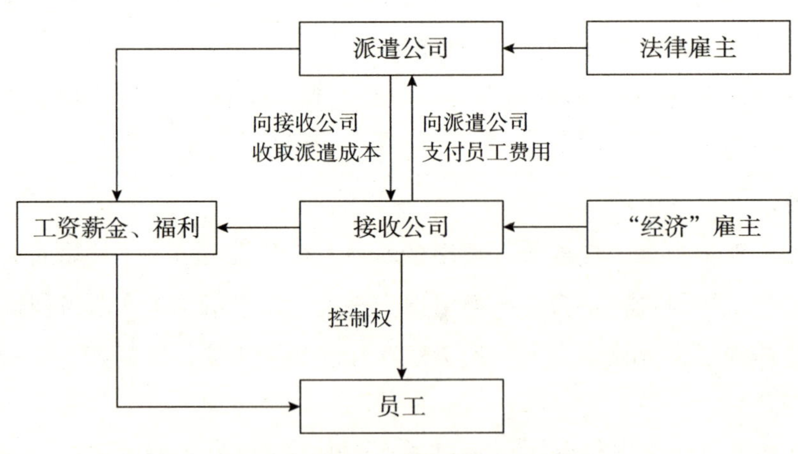

图5-2　直接派遣方式下的劳动合同

2. 本地雇佣

员工将与境内派遣公司解除劳动合同，不再受中国劳动法的规范，派遣员工的工资薪金和其他社保福利均在境外发放。

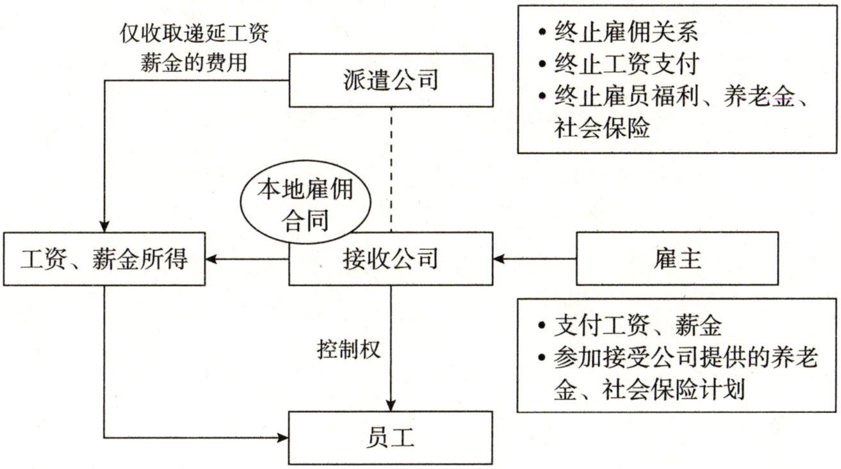

仅收取递延工资
薪金的费用
派遣公司
• 终止雇佣关系
• 终止工资支付
• 终止雇员福利、养老金、社会保险
本地雇佣
合同
工资、薪金所得
接收公司
雇主
控制权
• 支付工资、薪金
• 参加接受公司提供的养老金、社会保险计划
员工

图 5-3 本地雇佣

3. 双重雇佣

在双重雇佣计划的安排下，员工将与中方公司签署劳动合同的同时，与境外公司也签订雇佣劳动合同，其工资薪金将按照境内、境外合同的规定在两处发放。

雇主
派遣公司
• 分别和派遣公司、接收公司签订雇佣合同
• 同时为派遣公司和接收公司工作、分别承担相应的职责
接收公司
雇主
派遣公司和接收公司分别支付相应的工资薪金
工资薪金
派遣公司支持工作并支付相应的工资薪金
接收公司支持工作并支付相应的工资薪金
员工

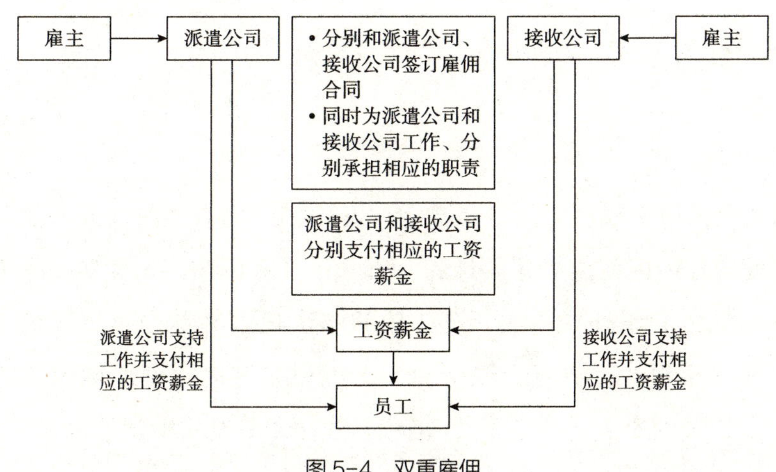

图 5-4 双重雇佣

4. 全球雇佣公司安排

全球雇佣公司安排（以下简称 GEC）。在这种派遣安排下，外派

员工将与 GEC 签订劳动合同，由 GEC 直接发放派遣员工的工资薪金，代扣代缴个人所得税及社会保险等福利。这种形式可以减轻中国企业外派员工的个人所得税扣缴义务，提供更有效的经营员工管理模式，并降低境内企业在境外构成常设机构的风险。

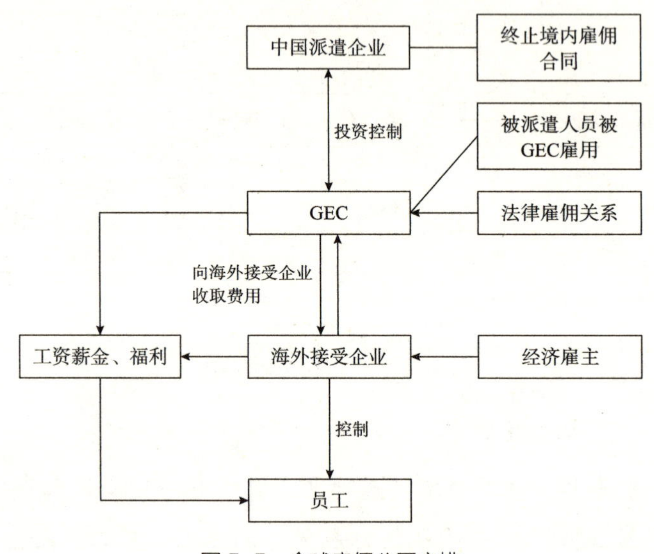

图 5-5　全球雇佣公司安排

5.2.1　涉税政策

1. 纳税义务人

根据《个人所得税法》第一条规定，在中国境内有住所，或者无住所而一个纳税年度内在中国境内居住累计满一百八十三天的个人，为居民个人。居民个人从中国境内和境外取得的所得，依照本法规定缴纳个人所得税。在中国境内无住所又不居住，或者无住所而一个纳税年度内在中国境内居住累计不满一百八十三天的个人，为非居民个人。非居民个人从中国境内取得的所得，依照本法规定缴纳个人所得税。所谓纳税年度，自公历一月一日起至十二月三十一日止。

在一个纳税年度内，在境内累计居住不超过 90 天的非居民个人，仅就归属于境内工作期间并由境内雇主支付或者负担的工资薪金所得计算缴纳个人所得税。在一个纳税年度内，在境内累计居住超过 90 天但不满 183 天的非居民个人，取得归属于境内工作期间的工资薪金所得，均应当计算缴纳个人所得税；其取得归属于境外工作期间的工资薪金所得，不征收个人所得税。

在境内居住累计满 183 天的年度连续不满六年的无住所居民个人，符合实施条例（税务总局公告 2019 年第 35 号）第四条优惠条件的，其取得的全部工资薪金所得，除归属于境外工作期间且由境外单位或者个人支付的工资薪金所得部分外，均应计算缴纳个人所得税。在境内居住累计满 183 天的年度连续满六年后，不符合实施条例第四条优惠条件的无住所居民个人，其从境内、境外取得的全部工资薪金所得均应计算缴纳个人所得税。

在中国境内有住所的个人，是指因户籍、家庭、经济利益关系而在中国境内习惯性居住的个人。在境内居住满一年，是指在一个纳税年度中在中国境内居住 365 日。临时离境的，不扣减日数。临时离境，是指在一个纳税年度中一次不超过 30 日或者多次累计不超过 90 日的离境。

在中国境内无住所，但是居住一年以上六年以下的个人，其来源于中国境外的所得，经主管税务机关批准，可以只就由中国境内公司、企业以及其他经济组织或者个人支付的部分缴纳个人所得税；居住超过五年的个人，从第七年起，应当就其来源于中国境外的全部所得缴纳个人所得税。

小贴士

“习惯性居住”的含义

在中国境内有住所的个人，是指因户籍、家庭、经济利益关系而在中国境内习惯性居住的个人。所谓习惯性居住，是判定纳税义务人是居民或非居民的一个法律意义上的标准，不是指实际居住或在某一个特定时期内的居住地。如因学习、工作、探亲、旅游等而在中国境外居住的，在其原因消除之后，必须回到中国境内居住的个人，则中国即为该纳税人习惯性居住地。

2. 个人所得税范围

从中国境内取得的所得，是指来源于中国境内的所得；所说的从中国境外取得的所得，是指来源于中国境外的所得。

下列所得，不论支付地点是否在中国境内，均为来源于中国境内的所得：

（1）因任职、受雇、履约等而在中国境内提供劳务取得的所得；

（2）将财产出租给承租人在中国境内使用而取得的所得；

（3）转让中国境内的建筑物、土地使用权等财产或者在中国境内转让其他财产取得的所得；

（4）许可各种特许权在中国境内使用而取得的所得；

（5）从中国境内的公司、企业以及其他经济组织或者个人取得的利息、股息、红利所得。

纳税人的境外所得，包括现金、实物和有价证券。纳税人的境外所得，应按税法及其实施条例的规定确定应税项目，并分别计算其应纳税额。纳税人的境外所得按照有关规定交付给派出单位的部分，凡能提供有效合同或有关凭证的，经主管税务机关审核后，允许从其境外所得中扣除。

个人由于担任董事职务所取得的董事费收入，属于劳务报酬所得性质，按照劳务报酬所得项目征收个人所得税。

3. 申报地点

根据《个人所得税自行纳税申报办法》规定，从两处或者两处以上取得工资、薪金所得的，选择并固定向其中一处单位所在地主管税务机关申报。从中国境外取得所得的，向中国境内户籍所在地主管税务机关申报。在中国境内有户籍，但户籍所在地与中国境内经常居住地不一致的，选择并固定向其中一地主管税务机关申报。在中国境内没有户籍的，向中国境内经常居住地主管税务机关申报。

4. 境内用人单位义务

一是外派人员信息报备义务。根据《境外所得个人所得税征收管理暂行办法》第九条规定，中国境内的公司、企业和其他经济组织以及政府部门凡有外派人员的，应在每一公历年度终了后30日内向主管税务机关报送外派人员基本信息、境内外收入状况及缴纳税收情况，报送《外派人员情况表》和主管地税机关要求的其他资料。《外派人员情况表》的内容主要包括：外派人员的姓名、身份证或护照号码、职务、派往国家或地区、境外工作单位名称和地址、合同期限、境内外收入状况、境内住所及缴纳税收情况等。

二是代扣代缴义务。根据《境外所得个人所得税征收管理暂行办法》第七条规定，纳税人受雇于中国境内的企业和其他经济组织以及政府部门并派往境外工作，其所得由境内派出单位支付或负担的，境内派出单位为个人所得税扣缴义务人，税款由境内派出单位负责代扣代缴。扣缴义务人应当在发放工资薪金的次月十五日内向其主管税务机关报送纳税申报表以及税务机关要求报送的其他资料，并将税款缴入国库。

5. 计算境外所得的应纳个人所得税

（1）应纳税额的计算。

纳税人的境外所得应按照分国分项的方法计算应纳税额。也就是说，同一国家/地区同一项目所得来源于两处以上的应合并计算，但不同国家/地区和不同应税项目，应分别依照税法规定的费用减除标准和适用税率计算应纳税额。

如果当年取得境外所得月份数不足12个月的，应按实际月份数分摊。纳税人取得全年一次性奖金、股权激励所得、解职一次性收入、提前退休一次性补贴和内部退养一次性收入等工资、薪金所得时，可按照相关税法规定单独计算应纳税额。

（2）费用扣除。

纳税人的境外所得按照有关规定交付给派出单位的部分，只要能提供有效合同或有关凭证，经过主管地税机关审核后，可以从境外所得中扣除。纳税人兼有来源于中国境内、境外所得的，应按个人所得税法及其实施条例的规定分别减除费用，并计算纳税。

（3）境外工资薪金的计算方法。

需要注意的是，与代扣代缴的工资薪金不同，个人当年因任职或受雇在中国境外提供劳务取得的工资薪金所得，如按规定需要办理自行纳税申报时，应按该所得当年所属月份平均分摊计算个人所得税：

应纳税额 =［（全年收入额 – 三险一金全年汇总额 – 减除费用全年合计额）× 12 × 适用税率 – 速算扣除数］× 12

李先生 2018 年 1 月至 12 月前往 A 国任职，取得工薪收入 177600 元，特许权使用费收入 7000 元；同时，又在 B 国取得利息收入 1000 元；收入均由境外单位支付，税款均由个人负担。李先生没有委托其境内派出机构办理纳税申报。

1. 李先生的收入均由境外单位支付，且没有委托其境内派出机构办理纳税申报，因此他应在年度终了后三十日内办理年度自行申报。

2. 在计算李先生 2018 年度境外所得的应纳个人所得税时，应区分 A 国和 B 国不同所得项目，分别计算两个国家各项应纳个人所得税额。

（1）A 国工资、薪金所得按我国税法规定计算的应纳税额。

［（177600–4800 × 12）÷ 12 × 适用税率 – 速算扣除数］× 12（月数）=（10000 × 25–1005）× 12=17940（元）

（2）A 国特许权使用费所得按我国税法规定计算的应纳税额。

7000 ×（1–20）× 20%（税率）=1120（元）

（3）在 B 国取得的利息所得按我国税法规定计算的应纳税额。

1000 × 20%（税率）=200（元）

6 . 境外税额的抵免

纳税人从中国境外取得的所得，可以在应纳税额中扣除已在境外缴纳的个人所得税税额。

（1）可抵免的境外税额。

可抵免的境外税额是指同时满足以下条件的境外税额：

①纳税人从中国境外取得的所得，依照该所得来源国家 / 地区的法律应当缴纳并实际已经缴纳的个人所得税款；

②能提供境外税务机关填发的完税凭证或其他完税证明材料。

（2）不得抵免的境外税额。

①按照境外所得税法律及相关规定属于错缴或错征的境外所得税税款；

②按照税收协定 / 安排 / 协议（以下简称税收协定）规定不应征收的境外所得税税款；

③因少缴或迟缴境外所得税而追加的利息、滞纳金或罚款。

（3）抵免税额的计算。

纳税人在计算抵免税额前，应按照分国不分项的原则计算扣除限额。也就是说，扣除限额是该纳税义务人在同一国家（地区）内取得不同所得项目的应纳税额之和。在境外一个国家（地区）实际已经缴纳的个人所得税税额，低于这个国家（地区）扣除限额的，应当在中国缴纳差额部分的税款；超过该国家（地区）扣除限额的，其超过部分不得在本纳税年度的应纳税额中扣除，但是可以在以后纳税年度的该国家或者地区扣除限额的余额中补扣。补扣期限最长不得超过五年。

2018 年度，上述案例中的李先生已分别按 A 国和 B 国税法规定，缴纳了个人所得税 11150 元和 250 元，那么他的境外税额应如何抵免呢？

1. 分别汇总 A 国和 B 国不同所得项目的应纳税额，作为该国的扣除限额。再以此为依据，分别抵减 A 国和 B 国的应纳税额。

（1）在 A 国取得缴纳税款的抵扣。

A 国扣除限额为：17940+1120=19060（元）

来源于 A 国的所得应纳个人所得税额为：19060–11150=7910（元）

李先生在 A 国所得缴纳个人所得税 11150 元，低于扣除限额，可全额抵扣，并需在中国补缴税款 7910 元。

（2）在 B 国取得缴纳税款的抵扣。

B 国扣除限额 =200（元）

B 国未抵扣完的可抵免税额为：250–200=50（元）

李先生在 B 国实际缴纳的税款超出了扣除限额，只能在限额内抵扣 200 元，不用补缴税款。B 国缴纳税款未抵扣完的 50 元，可在以后五年内该纳税人从 B 国取得的所得中的征税扣除限额有余额时补扣。

2. 汇总 A 国和 B 国抵减后的应缴纳税额，计算李先生 2018 年度境外所得应纳的个人所得税额。

2018 年度境外所得应纳的个人所得税额为：7910+0=7910（元）

因此，2018 年度李先生取得的境外所得应在中国补缴个人所得税 7910 元。

S 公司为国内一家上市能源公司，根据企业战略发展需要，近年来一直开拓海外能源市场，在多个国家注册实体公司，并派遣国内员工常驻当地。S 公司采用双重雇佣形式外派员工，一方面根据当地相关法律签署用工合同、办理工作签证等，另一方面在国内与外派员工签署劳务合同，承担海外派遣员工的国内社保部分，以及补足境外发放少于核定工资的部分。按照代扣代缴义务，对于国内承担的薪酬部分按时进行个人所得税申报工作，但对于国外发放的薪酬，因海外员工境外薪酬对于 S 公司税务管理方面属于新业务，并无经验可以参考。本案例主要针对 S 公司境外派遣员工 2017 年度境外所得进行个人所得税汇算清缴，本次申报工作从 2018 年 3 月中旬开始，在此期间因某些原因被搁置，一直到 2019 年 1 月相应税款及滞纳金才顺利上缴国库。本次境外员工个人所得税申报涉及多个国家，主要有澳大利亚、日本、土耳其、坦桑尼亚和马耳他。

申报准备阶段：一是组建境外派遣员工个人所得税汇算清缴小组，同时聘请知名会计师事务所税务团队，提供实务操作建议及优化方案。二是与主管税所就境外员工个人所得税申报工作进行咨询协商，重点了解境外员工个人所得税申报的操作流程、相关政策等方面情况。三是收集境外公司个人所得税申报期间，派遣国当地的税务申报资料、纳税期限证明材料，统计境外公司外派员工基本信息。四是根据税务局要求，提供相关的情况说明、问题答疑工作。申报阶段如下。

1. 税额计算公式的确认

①汇率的确认。

境外派遣员工个人所得税申报阶段最重要的工作，是申报数据的准确性。根据《个人所得税法》以及实施细则第十七条规定，个人所得为外国货币的，应当按照填开纳税凭证当日国家外汇管理总局公布的外汇牌价，折合成人民币缴纳税款。S 公司在计算个人所得税汇算清缴时，采用 2017 年度最后一个工作日外汇局汇率公布的中间价。

②允许抵扣项目。

在中国境外任职或受雇取得工资、薪金所得的中国籍个人，可享受每月 5000 元的税前减除费用。根据《境外所得个人所得税征收管理暂行办法》第六条规定，纳税人的境外所得按照有关规定交付给派出单位的部分，凡能提供有效合同或有关凭证的，经主管税务机关审核后，允许从其境外所得中扣除。S 公司根据 2017 年度核定的工资薪金，对于当年度在国内采取多退少补政策，因此，在 2018 年度有部分员工将 2017 年度境外所得超过核定标准的部分交还 S 公司，这部分金额允许税前抵扣。因为这部分返回金额属于一次性返回，所以只能税前抵扣当月的收入，对于当月回缴金额高于税前收入的部分，后续不得抵扣。因此，从税务筹划的角度考虑，可以合理安排境外员工超过核定标准的部分分月进行回缴。各派遣国对当地雇员都有一些免税项目，这部分金额应允许在税前扣除，如日本对于当地雇员支付的房租允许税前扣除。

2. 资料清单

（1）《个人所得税自行纳税申报表（B 表）》。该表可以根据在申报准备阶段收集到的信息，以及在申报阶段计算出来的应纳税额进行申报，在实务操作中，按照税务局要求，该表是必备申报材料。

（2）各派遣国申报截止时间情况说明。资料由企业准备，内容涉及各派遣国纳税年度、个税申报截止日期以及相应的各国政策支持文件，主要是为后续滞纳金减免申请提供政策支持。

（3）各派遣国完税证明。为证明境外派遣员工已经在海外缴纳个人所得税，S 公司提交了各派遣国的完税证明。因各个国家税务管理标准不一，有些国家可以提供由当地税务局出具的完税证明，如坦桑尼亚；有些国家只能提供企业申报个人所得税的申报材料，如马耳他；还有一些申报个人所得税可能是由代理公司进行的，也可以由代理公司出具个人所得税完税证明。

（4）缴款阶段待申报工作和滞纳金减免申请流程结束后，即到最后的缴款环节。税务局在输入完整的申报信息后，会向纳税人出具《银行端查询缴税凭证》，企业可以凭此缴款回执前往银行缴款。

5.2.3 申请过程中可能会遇到的问题

1. 申报截止时间问题

（1）根据国家税务局金税系统默认设定，境外所得个人所得税汇算清缴系统截至 5 月 31 日，但税务系统中可以勾选“境外个人所得税申报期间与国内不一致”选项，以此修改个人所得税汇算清缴截止日。所以，在计算滞纳金时，是根据不同的派遣国个人所得税申报截止日期顺延 30 个自然日后开始。

（2）金税三期系统期间默认到月份，对于上述派遣国个人所得税申报最后截止日期如日本的 3 月 15 日、土耳其的 3 月 25 日，均会有一定的时间差异，如果不能在截止日期前完成申报，可能会产生额外的滞纳金问题。A 公司在开展 2016 年度境外派遣员工个人所得税申报工作时，已经超过各派遣国最后截止日期，因此产生了滞纳金问题。

S 公司在开展 2017 年度境外派遣员工个人所得税申报工作时，已经超过各派遣国最后截止日期，因此产生了滞纳金问题。会计师事务所提供了两种方案：一是按照当月收入进行申报，不产生滞纳金；二是按照汇算清缴工作进行清算，产生滞纳金。根据国家税务总局关于滞纳金的计算期限规定，对纳税人未按照法律、行政法规规定的期限，或者未按照税务机关依照法律、行政法规的规定确定的期限向税务机关缴纳的税款，滞纳金的计算从纳税人应缴纳税款的期限届满之次日起，至实际缴纳税款之日止。对于涉及滞纳金且想申请减免的企业，因申请滞纳金减免工作费时费力，涉及税务多个机构，其间税务局各科室也会要求提供各项资料及答疑工作，企业应权衡滞纳金减免申请流程的周期所影响的滞纳金，以及希望减免的滞纳金金额。

2. 团队问题

会计师事务所税务团队有其税务专业知识、相关税务政策，尤其是涉及外国的税务政策方面的优势，可以为S公司提供政策方面的支持。具体企业操作，税务团队在整个申报过程中所发挥的主要作用是提供指导，企业不应该完全依靠税务团队。作为用人单位，在听取会计师事务所税务团队对个人所得税申报工作分析外，负责人也与主管税所进行了沟通询问，评估方案利弊，对具体的实务操作过程、方案选择等进行甄选。在实际操作过程中，不同的主管税务局对政策的理解或有不同，要求的申报材料也许会有不同。

5.3　个人境外投资

5.3.1　法律依据

按照《国家外汇管理局关于境内居民通过特殊目的公司境外投融资及返程投资外汇管理有关问题的通知》（汇发〔2014〕37号，以下简称37号文）规定，境内居民个人可以投融资为目的，以其合法持有的境内企业资产或权益，或者以其合法持有的境外资产或权益，在境外直接设立或间接控制特殊目的公司。

除此以外，境内居民个人不能进行境外直接投资。

普通人也可在境外投资，直接投资或将资金交给机构进行投资都可以。以投融资为目的设立公司也可以，银行外币理财产品、外国股市、海外基金、国外房地产都是不错的选择，根据方式选择是否需要跨境转账或操作资金出海。要注意，大额交易和转账达到一定额度是需要报告的，个人银行购汇也需要审核，而且比以前更加严格。

境内居民个人可以投融资为目的，以其合法持有的境外资产或权益出资在境外直接设立或间接控制特殊目的公司。境内居民个人以境外合法资产或权益向特殊目的公司出资的，应根据《国家外汇管理局关于进一步简化和改进直接投资外汇管理政策的通知》（汇发〔2015〕13号，以下简称13号文）的规定，向户籍所在地银行申请办理境内居民个人特殊目的公司外汇登记。具体材料可参考13号文所附操作指引"2.5境内居民个人特殊目的公司外汇（补）登记"的相关内容。

A公司欲并购一家境外企业100%股权，但该企业于2018年由内地居民在境外设立，经了解，尚未在外汇局办理手续。请问A公司是否可以并购该企业？

如果该企业属于37号文规定的特殊目的公司，那么该企业境内实际控制人应到外汇局办理特殊目的公司外汇补登记手续，随后到银行办理特殊目的公司外汇注销登记。然后，A公司可凭相关部门批准文件，到A公司注册地银行办理境外直接投资外汇登记手续。

某境外公司股东是大陆居民，但当时没有办理境外投资备案，现在因业务需要，要在境内设立一家外资公司，请问需要办理什么手续？

如果该境外公司属于37号文规定的特殊目的公司，那么其境内股东应办理特殊目的公司外汇（补）登记手续。在办理补登记手续后，该公司可按13号文的规定，凭相关主管部门的批准或备案文件，至拟设立的境内企业注册地银行办理外商直接投资外汇登记手续。

5.3.2　境外投资个人所得税抵免额计算

1. 已在境外缴纳的个人所得税税额

新《个人所得税法》第七条规定："居民个人从中国境外取得的所得，可以从其应纳税额中抵免已在境外缴纳的个人所得税税额，但抵免额不得超过该纳税人境外所得依照本法规定计算的应纳税额。"

新《个人所得税法实施条例》第二十一条第一款规定："个人所得税法第七条所称已在境外缴纳的个人所得税税额，是指居民个人来源于中国境外的所得，依照该所得来源国家（地区）的法律应当缴纳并且实际已经缴纳的所得税税额。"

2. 抵免限额（分国分项）

新《个人所得税法实施条例》第二十一条第二款规定："个人所得税法第七条所称纳税人境外所得依照本法规定计算的应纳税额，是居民个人抵免已在境外缴纳的综合所得、经营所得以及其他所得的所得税税额的限额（以下简称抵免限额）。除国务院财政、税务主管部门另有规定外，来源于中国境外一个国家（地区）的综合所得抵免限额、经营所得抵免限额以及其他所得抵免限额之和，为来源于该国家（地区）所得的抵免限额。"

3. 补缴税款及补扣期限（分国不分项）

新《个人所得税法实施条例》第二十一条第三款规定："居民个人在中国境外一个国家（地区）实际已经缴纳的个人所得税税额，低于依照前款规定计算出的来源于该国家（地区）所得的抵免限额的，应当在中国缴纳差额部分的税款；超过来源于该国家（地区）所得的抵免限额的，其超过部分不得在本纳税年度的应纳税额中抵免，但是可以在以后纳税年度来源于该国家（地区）所得的抵免限额的余额中补扣。补扣期限最长不得超过五年。"

4. 纳税凭证

新《个人所得税法实施条例》第二十二条规定："居民个人申请抵免已在境外缴纳的个人所得税税额，应当提供境外税务机关出具的税款所属年度的有关纳税凭证。"

5. 抵免限额的计算

（1）来源于一国（地区）综合所得的抵免限额＝中国境内、境外综合所得依照个人所得税法和本条例的规定计算的综合所得应纳税总额 × 来源于该国（地区）的综合所得收入额 ÷ 中国境内、境外综合所得收入总额；

（2）来源于一国（地区）经营所得抵免限额＝中国境内、境外经营所得依照个人所得税法和本条例的规定计算的经营所得应纳税总额 × 来源于该国（地区）的经营所得的应纳税所得额 ÷ 中国境内、境外经营所得的应纳税所得额；

（3）来源于一国（地区）的其他所得项目抵免限额，为来源于该国（地区）的其他所得项目依照个人所得税法和本条例的规定计算的应纳税额。

赵先生当年取得来源于美国的股息红利收入 10 万元，假设依据美国国内法被扣除了 10% 的预提所得税 1 万元，赵先生净得税后红利 9 万元。这部分境外红利单独计算境外所得，其单独的抵免限额是 10×20%=2（万元），单就股息红利来说，其在境外缴纳的股息红利个税 1 万元可以全额抵免，实际上在境内需补税 1 万元。

解析：将前面的两个案例合并在一起，赵先生来源于美国的综合所得抵免限额、经营所得抵免限额以及其他所得抵免限额之和，为来源于美国所得的抵免限额。

其综合所得抵免限额为：43080×（境外收入 20 万元 / 境外收入与境内收入之和 50 万元）=43080×0.4=17232（元）。其利息股息红利所得抵免限额为：100000×20% =20000（元）。

其美国抵免限额之和为：综合所得抵免限额＋利息股息红利所

得抵免限额 =17232+20000=37232（元）

由于其综合所得在境外实缴税款 60000 元，股息红利实缴税款 10000 元，均取得境外完税凭证，其实缴税款合计 70000 元，超过了抵免限额，当年仅可抵免 37232 元。

赵先生当年实际在国内应缴纳的税额为：43080+20000–37232=25848（元）

6. 纳税申报

（1）纳税申报时间：居民个人从中国境外取得所得的，应当在取得所得的次年 3 月 1 日至 6 月 30 日内。

（2）纳税申报地点：

①向中国境内任职、受雇单位所在地主管税务机关办理纳税申报；

②在中国境内没有任职、受雇单位的，向户籍所在地或中国境内经常居住地主管税务机关办理纳税申报；

③户籍所在地与中国境内经常居住地不一致的，选择其中一地主管税务机关办理纳税申报；

④在中国境内没有户籍的，向中国境内经常居住地主管税务机关办理纳税申报；

⑤纳税人取得境外所得办理纳税申报的具体规定另行公告。

第六章

个人所得税申报、缴纳与管理

——有理有据

【税收趣事】

为补两美分钱税，花去两美元邮资

美国得克萨斯州一个名叫德林的人，一天收到当地税务机关的书面通知，要他补交2美分的税款。他立即去交款，但税务官员说，按规定不能收取现金。德林只好跑到邮局去汇款，谁知竟花去了2美元的挂号邮资。为了这2美分的税款，税务局邮寄书面通知，也搭上了22美分的邮票。纳税人和税务局所花的费用加在一起，相当于所纳税款的3倍。

6.1 申报无小事，流程须牢记

6.1.1 个人所得税征管模式

新《个人所得税法》实施后，我国个人所得税继续采取代扣代缴和自行申报相结合的征管模式，其中分类所得项目，除个体工商户、个人独资和合伙企业的经营所得继续实行按季度或者按月份预缴，年度终了后汇算清缴外，其他分类所得项目继续实行按月、按次扣缴税款的办法，与改革前相比变化不大。而关于居民个人取得综合所得采取新的征管模式，由原来按月、按次征税改为按年计税，实行“代扣代缴、自行申报，汇算清缴、多退少补，优化服务、事后抽查”的征管模式。

新《个人所得税法》改变了原来扣缴义务单位全员全额代扣代缴（除经营所得外）的征缴服务模式，转变为“全员全额代扣代缴＋自行申报＋汇算清缴”

模式。由此，自然人如何报税提升到了日常生活的需求。

1. 按年计税

按年计税主要针对的是综合所得，以纳税人一个纳税年度内取得的工资、薪金，劳务报酬，稿酬和特许权使用费的收入总额，减除基本减除费用、专项扣除、专项附加扣除后的余额，为应纳税所得额，适用综合所得税率表计算个人年度应纳税款；而其他分类所得将延续之前的政策，实行按月或者按次扣缴税款。

2. 代扣代缴、自行申报

实行“代扣代缴 + 自行申报”相结合的申报方式。对于综合所得，日常由扣缴义务人预扣预缴，年度终了后个人办理自行申报；其他所得主要实行代扣代缴的方式，不需要自行申报；而经营所得主要实行自行预缴和自行申报相结合的方式。

3. 汇算清缴、多退少补

综合所得按年汇缴清算，税款多退少补。对纳税人按年计税后的年度应纳税款，与日常已缴税款进行清算，由纳税人依法补缴或申请退还多缴的税款；经营所得也同样需要汇算清缴，税款实行多退少补；其他所得则不需要进行汇算清缴。

4. 优化服务、事后抽查

不断优化纳税服务，减少事前个人税收资料报送次数，提升纳税人办税体验。许多需要审批许可的事项变为备案待查。在年度自行申报期结束后，税务机关将结合第三方信息，按照相关风险指标，筛选一定比例纳税人的自行申报情况进行检查。

6.1.2　个人所得税征管流程

在新《个人所得税法》下，个人所得税的征收管理流程大致分为五个部分，如图 6–1 所示，首先是实名认证，赋予自然人个人纳税人识别号，实名认证后将进行日常的代扣代缴以及年终的申报纳税和汇算清缴。这个全过程由纳税人自行进行，而税务机关主要进行后续的管理以及信用管理，对全过程实行风险管理，并进行事后抽查等工作。对纳税人的税款缴纳情况进行纳税评级，对不同级别的纳税人实行不同的奖惩措施。

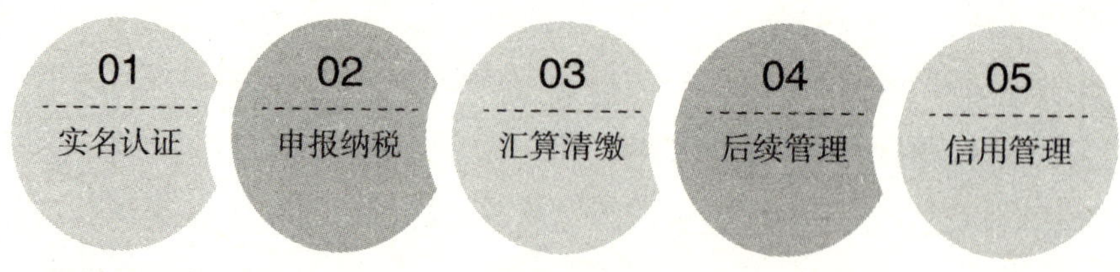

图 6-1 个人所得税征管流程

1. 实名认证

目前，国家税务总局已经推出了自然人税收管理系统（个人所得税 APP），需要纳税人及时下载登录，进行实名认证，并填写相关信息，在信息发生变化时及时进行修改。

自然人纳税人可以选择由扣缴义务人报送相关专项附加扣除信息办理专项附加扣除，如果当月来不及采集相关信息，可以在年度内以后月份补充采集信息后补充扣除；也可以选择在次年 3 月 1 日至 6 月 30 日年度汇算清缴时，自行向税务机关申报扣除、办理退税。

纳税人识别号是纳税人办理各项涉税事宜的唯一代码，因此税务机关根据纳税人的不同情况赋予纳税人以纳税人识别号，纳税人凭借此识别号开展各项涉税业务。

2. 申报纳税

纳税申报分为扣缴申报和自行申报两种方式。综合所得主要实行代扣代缴与自行申报相结合的方式，而其他分类所得实行代扣代缴的申报方式，经营所得实行自行申报的申报方式。

自行申报是指纳税人报送专项附加扣除相关信息，依法进行自主申报；扣缴申报是指扣缴义务人累计预扣法扣缴申报，代缴税款。在申报纳税过程中，自然人纳税人可以向税务机关进行咨询，税务机关有义务进行辅导，提供相关服务。

3. 汇算清缴

在汇算清缴时，实行“一人式”归集，针对自然人纳税人预设主管机关，推送清册。在汇算清缴时，税务机关提供预填服务，由纳税人自行或委托扣缴义务人进行年度申报。若汇算清缴时出现补税情况，税务机关提供三方协议、银联、第三方支付等多方式支付税款；若汇算清缴时出现退税情况，由纳税人进行申请，税务机关进行系统审核及人工审核，实现电子退税。

4. 后续管理

在开展过程中，税务机关完善监控指标体系，对个人所得税征收管理全流程实行监控，并自动提示相关信息；在预扣预缴环节，税务机关对申报的专项附加扣除信息进行事后抽查；在汇算清缴以后，税务机关实现全面风险管理，两级分析，三级应对；在反避税管理方面，对有跨境交易的自然人实施反避税管理。

5. 信用管理

针对自然人纳税人的个人所得税申报纳税情况，税务机关将建立全国自然人纳税信用库，完善纳税信用评价体系，针对纳税人的纳税情况确定和发布纳税信用评价结果，并对不同结果采取不同的奖惩措施，将纳税信用评价结果进行应用。

6.1.3　社会配套措施

新《个人所得税法》的施行，对税收征管有较高的要求，不仅需要税务机关自身系统的建设与努力，还需要社会外部的配套措施加以辅助，在法律、信息、信用以及技术等方面配合个人所得税综合与分类相结合的制度。

1. 法律支撑

通过立法形式明确自然人的纳税人识别号以便于未来进行全方位的税收信息监管，以及各个相关政府机关均有法律义务配合税务机关提供纳税人信息和账户信息。目前，国家税务总局出台的 2018 年第 59 号公告《国家税务总局关于自然人纳税人识别号事项的公告》就自然人纳税识别号的相关事宜进行了详细的规定。通过修订《税收征管法》，及时与新《个人所得税法》的征管管理相配套；通过 CRS（金融账户涉税信息自动交换标准）全面打击高净值人群的避税措施。

2. 信息支撑

由于新《个人所得税法》涉及专项附加扣除的各种信息，单凭纳税人以及扣缴义务人的自行申报不足以形成有效的监管，需要各个部门进行信息共享与共同治理。

公安、人民银行、金融监督管理等相关部门应当协助税务机关确认纳税人的身份、金融账户信息。教育、卫生、医疗保障、民政、人力资源社会保障、住房城乡建设、公安、人民银行、金融监督管理等相关部门应当向税务机关提供纳税人子女教育、继续教育、大病医疗、住房贷款利息、住房租金、赡养老人等专项附加扣除信息。

个人转让不动产的，税务机关应当根据不动产登记等相关信息核验应缴的个人所得税，登记机构办理转移登记时，应当查验与该不动产转让相关的个人所得税的完税凭证。个人转让股权办理变更登记的，市场主体登记机关应当查验与该股权交易相关的个人所得税的完税凭证。

3. 信用支撑

一方面，税务机关将打造自身的纳税信用体系，对自然人纳税人进行信用评价；另一方面，要将纳税信用与社会信用相结合，联合进行信用管理，对失信的纳税人实施联合惩戒，联合公安、海关等部门，如限制偷漏税纳税人出境等。

4. 技术支撑

新《个人所得税法》实施后，很多自然人纳税人需要进行年度申报与汇算清缴，并且需要进行申报专项附加扣除信息，因此对税务机关征收管理系统的要求较高。税务机关着力打造自然人税收管理系统（ITS 系统），依托现代互联网云计算技术，由国家税务总局统一部署、全天候运行、支撑个人所得税改革的信息系统。

一是实现与电子税务局集成。集成后的自然人账户体系将由电子税务局统一管理，用户通过电子税务局系统登录后，可以进入改造后的电子税务局（自然人）首页。自然人注册方式新增两种，分别是支付宝注册方式和微信人脸识别认证注册方式。

二是创新自然人实名认证方式。在移动互联网端先后开通自然人支付宝实名认证和腾讯慧眼实名认证功能，实现双移动端实名认证办税方式，逐步引入支付宝最新研发的“眼纹”认证技术，实现更精准、更迅捷的实名认证办税。

三是实现自然人移动端和第三方服务平台全面办税体验。陆续开通移动端手机 APP 和支付宝城市服务、微信城市服务、微信公众号、云闪付城市服务等第三方平台办税功能，极大地拓宽了自然人办税渠道。

6.2　你的信用名片：纳税人识别号

6.2.1　纳税人识别号

纳税人识别号，是税务机关根据税法规定的编码规则，编制并且赋予纳税人用来确认其身份的数字代码标识。由于自然人纳税人不办理税务登记，对其赋予全国唯一的纳税人识别号，相当于赋予了“税务登记证号”，不仅是自然人税收管理的基础，也是保障纳税人权益的前提。纳税人识别号与公民身份号码有机结合，对实现税收治理奠定了重要基础。实施新《个人所得税法》后，自然人纳税人办理年度汇算清缴，必须有全国范围内统一的自然人纳税人识别号归集纳税人来自全国各地的收入、扣除等涉税信息，有助于实现全国范围内的“一人式”信息归集管理。便于纳税人在办理汇算清缴补退税时，能够准确抵扣其已预扣预缴的税款，落实专项附加扣除等政策，保障纳税人自身权益。从国际经验来看，英国、美国、法国、德国等税制成熟的国家，均以纳税人识别号为征管基础，管理效果较好。

目前，我国企事业单位和社会组织都拥有税务登记代码，主要由区域码和组织机构代码组成；个体工商户税务登记代码为其居民身份证号码。对于自然人，税务代码制度却一直没有实现全覆盖。随着新《个人所得税法》的实施，自然人纳税人也将拥有唯一且终身不变的纳税人识别号。

1. 纳税人识别号的作用

自然人纳税人识别号，是自然人纳税人办理各类涉税事项的唯一代码标识，如图 6-2 所示。

扣缴义务人扣缴税款时，纳税人应当向扣缴义务人提供纳税人识别号。

自然人纳税人办理纳税申报、税款缴纳、申请退税、开具完税凭证、纳税查询等涉税事项时应当向税务机关或扣缴义务人提供纳税人识别号。

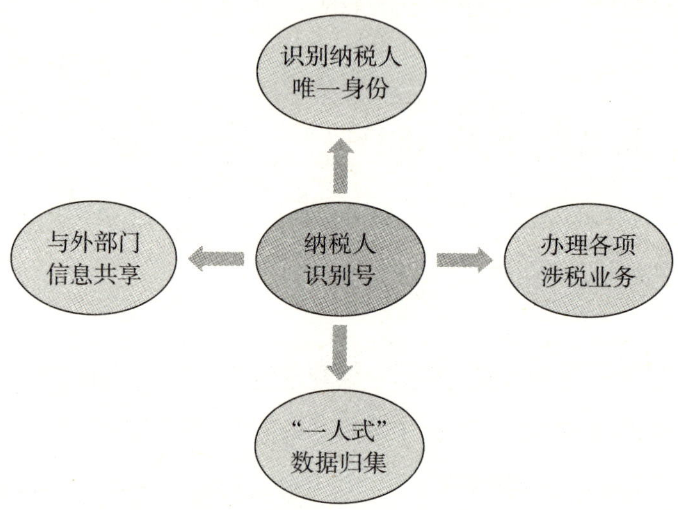

图 6-2　纳税人识别号的作用

2. 纳税人识别号的赋予

有中国公民身份号码的，以其中国公民身份号码作为纳税人识别号。没有中国公民身份号码的，由税务机关赋予其纳税人识别号。税务机关应当在赋予自然人纳税人识别号后告知或者通过扣缴义务人告知纳税人其纳税人识别号，并为自然人纳税人查询本人纳税人识别号提供便利。

纳税人首次办理涉税事项时，应当向税务机关或者扣缴义务人出示有效身份证件，并报送相关基础信息：

①纳税人为中国公民且持有有效《中华人民共和国居民身份证》（以下简称居民身份证）的，为居民身份证。

②纳税人为华侨且没有居民身份证的，为有效的《中华人民共和国护照》和华侨身份证明。

③纳税人为港澳居民的，为有效的《港澳居民来往内地通行证》或《中华人民共和国港澳居民居住证》。

④纳税人为台湾居民的，为有效的《台湾居民来往大陆通行证》或《中华人民共和国台湾居民居住证》。

⑤纳税人为持有有效《中华人民共和国外国人永久居留身份证》（以下简称永久居留证）的外籍个人的，为永久居留证和外国护照；未持有永久居留证但持有有效《中华人民共和国外国人工作许可证》（以下简称工作许可证）的，为工作许可证和外国护照；其他外籍个人，为有效的外国护照。

6.2.2　纳税信用评价

税务机关将与其他机关联合，将自然人纳税人的个人所得税纳税情况纳入信用评价体系中，实行联合惩戒。2018 年国家税务总局发布了《重大税收违法失信案件信息公布办法》的公告，依照相关规定，向社会公布重大税收违法失信案件信息，并将信息通报相关部门，共同实施严格监管和联合惩戒。

1. 重大税收违法失信案件界定

重大税收违法失信案件主要包括以下九种情况：

①纳税人伪造、变造、隐匿、擅自销毁账簿、记账凭证，或者在账簿上多列支出或者不列、少列收入，或者经税务机关通知申报而拒不申报或者进行虚假的纳税申报，不缴或者少缴应纳税款 100 万元以上，且任一年度不缴或者少缴应纳税款占当年各税种应纳税总额 10% 以上的；

②纳税人欠缴应纳税款，采取转移或者隐匿财产的手段，妨碍税务机关追缴欠缴的税款，欠缴税款金额 10 万元以上的；

③骗取国家出口退税款的；

④以暴力、威胁方法拒不缴纳税款的；

⑤虚开增值税专用发票或者虚开用于骗取出口退税、抵扣税款的其他发

票的；

⑥虚开普通发票100份或者金额40万元以上的；

⑦私自印制、伪造、变造发票，非法制造发票防伪专用品，伪造发票监制章的；

⑧具有偷税、逃避追缴欠税、骗取出口退税、抗税、虚开发票等行为，经税务机关检查确认走逃（失联）的；

⑨其他违法情节严重、有较大社会影响的。

2. 重大税收违法失信案件信息公布

①对法人或者其他组织，公布其名称，统一社会信用代码或者纳税人识别号，注册地址，法定代表人、负责人或者经法院裁判确定的实际责任人的姓名、性别及身份证号码（隐去出生年、月、日号码段），经法院裁判确定的负有直接责任的财务人员、团伙成员的姓名、性别及身份证号码；

②对于自然人，公布其姓名、性别、身份证号码；

③主要违法事实；

④走逃（失联）情况；

⑤适用的相关法律依据；

⑥税务处理、税务行政处罚等情况；

⑦实施检查的单位；

⑧对公布的重大税收违法失信案件负有直接责任的涉税专业服务机构及从业人员，税务机关可以依法一并公布其名称、统一社会信用代码或者纳税人识别号、注册地址，以及直接责任人的姓名、性别、身份证号码、职业资格证书编号等。

此外，省以下税务机关应及时将符合公布标准的案件信息录入相关税务信息管理系统，通过省税务机关门户网站向社会公布，同时可以根据本地区实际情况，通过本级税务机关公告栏、报纸、广播、电视、网络媒体等途径以及新闻发布会等形式向社会公布。国家税务总局门户网站设立专栏链接省税务机关门户网站的公布内容。

3. 重大税收违法失信案件惩戒措施

将纳税信用级别直接判为D级，适用相应的D级纳税人管理措施；对欠缴查补税款的纳税人或者其法定代表人在出境前未按照规定结清应纳税款、滞纳金或者提供纳税担保的，税务机关可以依据《税收征收管理法》相关规定，通知出入境管理机关阻止其出境；税务机关将当事人信息提供给参与实施联合惩戒的相关部门，由相关部门依法对当事人采取联合惩戒和管理措施。

4. 自然人纳税信用管理系统

目前，全国没有出台统一的自然人纳税信用管理办法，但是各地都在积极探索与建设自然人纳税信用管理体系。例如，2016年江苏省根据国务院《关于加强个人诚信体系建设的指导意见》的有关精神，结合总局相关文件规定，出台了《自然人纳税信用管理办法（试行）》和《自然人纳税信用评价指标（部分）》。其他省份也在积极制定并出台相关的管理规定。

6.3　申报纳税与汇算清缴

根据2018年8月31日第十三届全国人民代表大会常务委员会第五次会议《关于修改〈中华人民共和国个人所得税法〉的决定》（第七次修正），下列各项个人所得，应当缴纳个人所得税：（一）工资、薪金所得；（二）劳务报酬所得；（三）稿酬所得；（四）特许权使用费所得；（五）经营所得；（六）利息、股息、红利所得；（七）财产租赁所得；（八）财产转让所得；（九）偶然所得。

居民个人取得前款第（一）项至第（四）项所得（以下简称综合所得），按纳税年度合并计算个人所得税；非居民个人取得前款第（一）项至第（四）项所得，按月或者按次分项计算个人所得税。纳税人取得前款第（五）项至第（九）项所得，依照规定分别计算个人所得税。

6.3.1 居民个人纳税申报

为贯彻落实新修改的《个人所得税法》，居民个人的所得将按照新方式进行纳税申报，居民个人工资、薪金所得，劳务报酬所得，稿酬所得，特许权使用费所得将按照由扣缴义务人预扣预缴个人所得税的方法进行扣缴，符合条件的纳税人还需要进行年终汇算清缴；生产经营所得将按照自行预缴、年终清缴的方式缴纳税款；其他所得将仍然按照代扣代缴的方式计算。

1. 综合所得

（1）居民个人取得工资、薪金所得，劳务报酬所得，稿酬所得，特许权使用费四项综合所得时，由扣缴义务人按月或者按次预扣预缴税款，具体方法规定如下：

扣缴义务人向居民个人支付工资、薪金所得时，应当按照累计预扣法计算预扣税款，并按月办理全员全额扣缴申报。具体计算公式如下：

本期应预扣预缴税额 =（累计预扣预缴应纳税所得额 × 预扣率 – 速算扣除数）– 累计减免税额 – 累计已预扣预缴税额

累计预扣预缴应纳税所得额 = 累计收入 – 累计免税收入 – 累计减除费用 – 累计专项扣除 – 累计专项附加扣除 – 累计依法确定的其他扣除

其中：累计减除费用，按照5000元/月乘以纳税人当年截至本月在本单位的任职受雇月份数计算。

累计预扣法主要是通过各月累计收入减去对应扣除，对照综合所得税率表计算累计应缴税额，再减去已缴税额，确定本期应缴税额的一种方法。

这种方法，对于大部分只有一处工资、薪金所得的纳税人来说，纳税年度终了时预扣预缴的税款基本上等于年度应纳税款，因此无须再办理自行纳税申报、汇算清缴；对需要补退税的纳税人来说，预扣预缴的税款与年度应纳税款差额相对较小，不会占用纳税人过多的资金。

（2）扣缴义务人向居民个人支付劳务报酬所得、稿酬所得、特许权使用费所得时（以下简称三项综合所得），按以下方法按月或者按次预扣预缴个人所得税：

①计算预扣预缴应纳税所得额。三项综合所得以每次收入减除费用后的余额为收入额，其中稿酬所得的收入额减按百分之七十计算。当三项综合所得每次收入不超过四千元的，减除费用按八百元计算；当每次收入在四千元以上的，减除费用按百分之二十计算。三项综合所得以每次收入额为预扣预缴应纳税所得额。

②计算预扣预缴应纳税额。根据预扣预缴应纳税所得额乘以适用预扣率计算应预扣预缴税额。其中，劳务报酬所得适用个人所得税预扣率表（见表 6-1），稿酬所得、特许权使用费所得适用百分之二十的比例预扣率。

表 6-1　个人所得税预扣率

（居民个人劳务报酬所得预扣预缴适用）

级数	预扣预缴应纳税所得额	预扣率（%）	速算扣除数
1	不超过 20000 元的	20	0
2	超过 20000 元至 50000 元的部分	30	2000
3	超过 50000 元的部分	40	7000

居民个人取得综合所得，按年计算个人所得税；有扣缴义务人的，由扣缴义务人按月或者按次预扣预缴税款；需要办理汇算清缴的，应当在取得所得的次年三月一日至六月三十日内办理汇算清缴。预扣预缴办法由国务院税务主管部门制定。

居民个人向扣缴义务人提供专项附加扣除信息的，扣缴义务人按月预扣预缴税款时应当按照规定予以扣除，不得拒绝。

支付工资、薪金所得的扣缴义务人应当于年度终了后两个月内，向纳税人提供其个人所得和已扣缴税款等信息；纳税人年度中间需要提供上述信息的，扣缴义务人应当提供；纳税人取得除工资、薪金所得外的其他所得，扣缴义务人应当在扣缴税款后，及时向纳税人提供其个人所得和已扣缴税款等信息。

扣缴义务人应当按照纳税人提供的信息计算税款、办理扣缴申报，不得擅自更改纳税人提供的信息。扣缴义务人发现纳税人提供的信息与实际情况不符的，可以要求纳税人修改。纳税人拒绝修改的，扣缴义务人应当报告税务机关，税务机关应当及时处理。纳税人发现扣缴义务人提供或者扣缴申报的个人信息、支付所得、扣缴税款等信息与实际情况不符的，有权要求扣缴义务人修改。扣缴义务人拒绝修改的，纳税人应当报告税务机关，税务机关应当及时处理。

扣缴义务人对纳税人提供的《个人所得税专项附加扣除信息表》，应当按照规定妥善留存备查；扣缴义务人应当依法对纳税人报送的专项附加扣除等相关涉税信息和资料保密。

对扣缴义务人按照规定扣缴的税款，不包括税务机关、司法机关等查补或责令补扣的税款，按年付给百分之二的手续费；扣缴义务人可将代扣代缴手续费用于提升办税能力、奖励办税人员。

扣缴义务人依法履行代扣代缴义务，纳税人不得拒绝。纳税人拒绝的，扣缴义务人应当及时报告税务机关。

纳税人取得应税所得，扣缴义务人未扣缴税款的，纳税人应当在取得所得的次年六月三十日前，缴纳税款；税务机关通知限期缴纳的，纳税人应当按照期限缴纳税款。

扣缴义务人每月或者每次预扣、代扣的税款，应当在次月十五日内缴入国库，并向税务机关报送扣缴个人所得税申报表。

纳税人办理汇算清缴退税或者扣缴义务人为纳税人办理汇算清缴退税的，税务机关审核后，按照国库管理的有关规定办理退税。

2. 其他所得

纳税人取得利息、股息、红利所得，财产租赁所得，财产转让所得和偶然所得，按月或者按次计算个人所得税，有扣缴义务人的，由扣缴义务人按月或者按次代扣代缴税款。

纳税人取得应税所得没有扣缴义务人的，应当在取得所得的次月十五日内向税务机关报送纳税申报表，并缴纳税款。

纳税人取得应税所得，扣缴义务人未扣缴税款的，纳税人应当在取得所得的次年六月三十日前，缴纳税款；税务机关通知限期缴纳的，纳税人应当按照期限缴纳税款。

扣缴义务人每月或者每次预扣、代扣的税款，应当在次月十五日内缴入国库，并向税务机关报送扣缴个人所得税申报表。

纳税人办理汇算清缴退税或者扣缴义务人为纳税人办理汇算清缴退税的，税务机关审核后，按照国库管理的有关规定办理退税。

3. 经营所得

根据新《个人所得税法》第二条规定，不属于综合所得项目，需要单独计算纳税，适用百分之五至百分之三十五的超额累进税率。纳税人取得经营所得，按年计算个人所得税，由纳税人在月度或者季度终了后十五日内向税务机关报送纳税申报表，并预缴税款；在取得所得的次年三月三十一日前办理汇算清缴，适用的税率见表 6–2。

表 6–2 经营所得税率表

级数	全年应纳税所得额	税率（%）	速算扣除数
1	不超过 30000 元的	5	0
2	超过 30000 元至 90000 元的部分	10	1500
3	超过 90000 元至 300000 元的部分	20	10500
4	超过 300000 元至 500000 元的部分	30	40500
5	超过 500000 元的部分	35	65500

对于取得经营所得的个人，如果没有综合所得的，计算其每一纳税年度的应纳税所得额时，应当减除费用 6 万元、专项扣除、专项附加扣除以及依法确定的其他扣除。但是专项附加扣除只能在办理汇算清缴时减除。

需要注意的是，从事生产、经营活动，未提供完整、准确的纳税资料，不能正确计算应纳税所得额的，由主管税务机关核定应纳税所得额或者应纳税额。

纳税人取得经营所得，按年计算个人所得税，由纳税人在月度或者季度终了后十五日内向纳税人办理汇算清缴退税的，税务机关审核后，按照国库管理的有关规定办理退税。税务机关报送纳税申报表，并预缴税款；在取得所得的次年三月三十一日前办理汇算清缴。

纳税人办理纳税申报的地点以及其他有关事项的具体办法，由国务院税务主管部门制定。

纳税人申请退税时提供的汇算清缴信息有错误的，税务机关应当告知其更正；纳税人更正的，税务机关应当及时办理退税。

扣缴义务人未将扣缴的税款解缴入库的，不影响纳税人按照规定申请退税，税务机关应当凭纳税人提供的有关资料办理退税。

4. 境内外两处所得

居民个人从中国境内和境外取得的综合所得、经营所得，应当分别合并计算应纳税额；从中国境内和境外取得的其他所得，应当分别单独计算应纳税额。

居民个人从中国境外取得的所得，可以从其应纳税额中抵免已在境外缴纳的个人所得税税额，但抵免额不得超过该纳税人境外所得依照本法规定计算的应纳税额。

已在境外缴纳的个人所得税税额，是指居民个人来源于中国境外的所得，依照该所得来源国家（地区）的法律应当缴纳并且实际已经缴纳的所得税税额。纳税人境外所得依照本法规定计算的应纳税额，是居民个人抵免已在境外缴纳的综合所得、经营所得以及其他所得的所得税税额的限额（以下简称抵免限额）。除国务院财政、税务主管部门另有规定外，来源于中国境外一个国家（地区）的综合所得抵免限额、经营所得抵免限额以及其他所得抵免限额之和，为来源于该国家（地区）所得的抵免限额。

居民个人在中国境外一个国家（地区）实际已经缴纳的个人所得税税额，低于依照前款规定计算出的来源于该国家（地区）所得的抵免限额的，应当在中国缴纳差额部分的税款；超过来源于该国家（地区）所得的抵免限额的，其超过部分不得在本纳税年度的应纳税额中抵免，但是可以在以后纳税年度来源于该国家（地区）所得的抵免限额的余额中补扣。补扣期限最长不得超过五年。

居民个人申请抵免已在境外缴纳的个人所得税税额，应当提供境外税务机关出具的税款所属年度的有关纳税凭证。

居民个人从中国境外取得所得的，应当在取得所得的次年三月一日至六月三十日内申报纳税。

6.3.2　非居民个人纳税申报

非居民个人取得工资、薪金所得，劳务报酬所得，稿酬所得和特许权使用费所得，有扣缴义务人的，由扣缴义务人按月或者按次代扣代缴税款，不办理汇算清缴。

扣缴义务人向非居民个人支付工资、薪金所得，劳务报酬所得，稿酬所得和特许权使用费所得时，按以下方法按月或者按次代扣代缴税款：

非居民个人的工资、薪金所得，以每月收入额减除费用五千元后的余额为应纳税所得额；劳务报酬所得、稿酬所得、特许权使用费所得，以每次收入额为应纳税所得额，适用个人所得税税率（见表 6-3）计算应纳税额。劳务报酬所得、稿酬所得、特许权使用费所得以收入减除百分之二十的费用后的余额为收入额。其中，稿酬所得的收入额减按百分之七十计算。

表 6-3　个人所得税税率

（非居民个人工资、薪金所得，劳务报酬所得，稿酬所得，特许权使用费所得适用）

级数	应纳税所得额	税率（%）	速算扣除数
1	不超过 3000 元的	3	0
2	超过 3000 元至 12000 元的部分	10	210
3	超过 12000 元至 25000 元的部分	20	1410
4	超过 25000 元至 35000 元的部分	25	2660

续表

级数	应纳税所得额	税率（%）	速算扣除数
5	超过 35000 元至 55000 元的部分	30	4410
6	超过 55000 元至 80000 元的部分	35	7160
7	超过 80000 元的部分	45	15160

支付工资、薪金所得的扣缴义务人应当于年度终了后两个月内，向纳税人提供其个人所得和已扣缴税款等信息；纳税人年度中间需要提供上述信息的，扣缴义务人应当提供；纳税人取得除工资、薪金所得外的其他所得，扣缴义务人应当在扣缴税款后，及时向纳税人提供其个人所得和已扣缴税款等信息。

扣缴义务人应当按照纳税人提供的信息计算税款、办理扣缴申报，不得擅自更改纳税人提供的信息。扣缴义务人发现纳税人提供的信息与实际情况不符的，可以要求纳税人修改。纳税人拒绝修改的，扣缴义务人应当报告税务机关，税务机关应当及时处理。纳税人发现扣缴义务人提供或者扣缴申报的个人信息、支付所得、扣缴税款等信息与实际情况不符的，有权要求扣缴义务人修改。扣缴义务人拒绝修改的，纳税人应当报告税务机关，税务机关应当及时处理。

对扣缴义务人按照规定扣缴的税款，不包括税务机关、司法机关等查补或责令补扣的税款，按年付给百分之二的手续费；扣缴义务人可将代扣代缴手续费用于提升办税能力、奖励办税人员。

扣缴义务人依法履行代扣代缴义务，纳税人不得拒绝。纳税人拒绝的，扣缴义务人应当及时向税务机关反映。

非居民个人在中国境内从两处以上取得工资、薪金所得的，应当在取得所得的次月十五日内申报纳税。

某合伙企业由几个自然人等额出资合伙。所有合伙人均参与企业经营。约定自 2018 年 1 月起每个合伙人按月分配 1 万元薪金，已按照“工资薪金”代扣代缴了个人所得税。2019 年 1 月，该合伙企业按照2018年度经营情况分配利润，将企业当年全部利润平均分配给每个合伙人，人均分得20万元，企业2018年度无留存未分配利润。

该合伙企业其个人所得税代扣代缴是否错误？又该如何申报缴纳所得税？解决问题的关键，在于厘清合伙企业合伙人所得税的各项规定。

①合伙企业中谁是所得税纳税义务人？

合伙企业既不是企业所得税纳税人，也不是个人所得税纳税人，合伙企业本身不缴纳所得税。根据《合伙企业法》规定，合伙企业的生产经营所得和其他所得，按照国家有关税收规定，由合伙人分别缴纳所得税。《企业所得税法》也明确规定个人独资企业和合伙企业不是企业所得税纳税人。财政部、国家税务总局《关于合伙企业合伙人所得税问题的通知》（财税〔2008〕第159号）明确规定：合伙企业以每一个合伙人为纳税义务人。合伙企业合伙人是自然人的，缴纳个人所得税；合伙人是法人和其他组织的，缴纳企业所得税。

②自然人合伙人个人所得税该按哪个项目计税？

根据《关于个人独资企业和合伙企业投资者征收个人所得税的规定》（财税〔2000〕91号印发）规定，合伙企业每一纳税年度的收入总额减除成本、费用以及损失后的余额，作为自然人合伙人个人的生产经营所得，比照个人所得税法的"个体工商户的生产经营所得"应税项目，适用5%—35%的五级超额累进税率，计算征收个人所得税。因此，对于案例中的每一个合伙人，应当在取得年度利润分配时，就其全部所得按照《个人所得税法》规定的"个体工商户生产经营所得"项目，计算并缴纳个人所得税。

③"全部生产经营所得"是多少？

在计算税款时，合伙企业的自然人合伙人全部生产经营所得，包括企业分配给投资者个人的所得和企业当年留存的利润。财税〔2000〕91号中，明确规定"投资者的工资不得在税前扣除"，只允许扣除其他从业人员工资。对于自然人合伙人本人的费用，依据《个人所得税法》的规定，已在"个体工商户生产经营所得"项目计税时，按规定标准予以减除，目前费用扣除标准为42000元

/年。因此，案例中该合伙企业自然人合伙人按月分配的1万元的工资薪金，不得在税前扣除，应计入自然人合伙人的年度应纳税所得额。每个自然人合伙人的年度应纳税所得额为32万元（1×12+20）。年度应纳个人所得税额为：

（320000–42000）×35%–14750=82550（元）

④按月扣缴出资人工资薪金个人所得税是否正确？

合伙企业自然人合伙人的工资不得在税前扣除，其按月取得的工资薪金应当视同自然人合伙人分月取得的"个体工商户生产经营所得"，应当在取得所得的月后15日内，计算并申报预缴。案例中的合伙企业自然人合伙人按月取得的1万元工资薪金，由合伙企业按月代扣代缴"工资薪金所得"个人所得税的做法不正确，应由自然人合伙人按月自行纳税申报，按照"个体工商户生产经营所得"项目预缴个人所得税，并在年度终了后3个月内汇算清缴，多退少补。

对合伙企业已经错误扣缴的"工资薪金"个人所得税，自然人合伙人可以依据《税收征管法》的规定，只要自结算缴纳税款之日起未超过三年的，可以向税务机关要求退还多缴的税款并加算银行同期存款利息，税务机关及时查实后应当立即退还。

⑤自然人合伙人应如何办理纳税申报？

自然人合伙人分月取得收入时，应在次月十五日内办理预缴纳税申报。预缴申报时需要填报《生产、经营所得个人所得税纳税申报表（A表）》，以自然人为主体，按实际经营期累计数申报。自然人合伙人首次申报时，还需要同时附报《个人所得税基础信息表（B表）》，向税务机关办理相关涉税事宜，以后仅需在信息发生变化时填报。

年度结束后，自然人合伙人应当就当年生产、经营所得，在年度终了后三个月内办理个人所得税年度汇算清缴。个人所得税年度汇算清缴，应当填报《生产、经营所得个人所得税纳税申报表（B表）》，同时附送年度会计报表和预缴个人所得税纳税凭证，按照全年所得计算应纳税额，多退少补。

合伙企业有两个或两个以上自然人投资者的，其预缴申报和年度汇算清缴申报，均需要分别办理。

6.4　纳税后续管理

6.4.1　事后抽查

个人所得税的征税基于诚信原则，不进行事前审核，在个人所得税申报过程中，主要是由纳税人及扣缴义务人提供主要资料，属于备案待查，但是事后可以抽查，对恶意虚假陈述进行惩罚。因此，在后续管理中，税务机关将进行事后抽查，检查纳税人所提供的信息的准确性，以确保税款准确足额的收取。税务局掌握大量税务信息，可以依托比较低的成本进行审核确认，并为纳税人提供足够方便。

纳税人需要仔细保留扣缴单位向本人提供的个人所得和已扣税款等信息。纳税人要对所提交信息的真实性、准确性、完整性负责。如果专项附加扣除信息发生变化的，也要及时向任职单位或者税务机关提供相关信息。且要依据税收征管法的有关规定，仔细保管专项附加扣除有关资料凭证，自预扣预缴年度的次年起 5 年内留存备查，以便税务机关后续开展事后抽查时使用。

6.4.2　离境申报

根据中国的《国籍法》，一旦成为外籍人士，个人必须要放弃中国国籍，包括注销中国的户籍。虽然实践中并非每一个变成外籍人士的个人都会主动注销中国国籍，但目前中国政府在这方面的监管越来越严，所以注销户籍将会是一个必然的趋势。

新《个人所得税法》规定中国籍个人在注销户籍时应当办理纳税申报。这个所谓的离境申报主要是要求中国籍个人在注销户籍前应当结算并清缴个人此前未完税的部分（如有）。如果在退出国籍前所有个人所得税均已足额缴纳，则在离境申报环节并不会产生额外的税负。

①纳税人在注销户籍年度取得综合所得的，应当在注销户籍前，办理当年综合所得的汇算清缴，并报送《个人所得税年度自行纳税申报表》。尚未办理上一年度综合所得汇算清缴的，应当在办理注销户籍纳税申报时一并办理。

②纳税人在注销户籍年度取得经营所得的，应当在注销户籍前，办理当年经营所得的汇算清缴，并报送《个人所得税经营所得纳税申报表（B 表）》。从两处以上取得经营所得的，还应当一并报送《个人所得税经营所得纳税申报表（C 表）》。尚未办理上一年度经营所得汇算清缴的，应当在办理注销户籍纳税申报时一并办理。

③纳税人在注销户籍当年取得利息、股息、红利所得，财产租赁所得，财产转让所得和偶然所得的，应当在注销户籍前，申报当年上述所得的完税情况，并报送《个人所得税自行纳税申报表（A 表）》。

④纳税人有未缴或者少缴税款的，应当在注销户籍前，结清欠缴或未缴的税款。纳税人存在分期缴税且未缴纳完毕的，应当在注销户籍前，结清尚未缴纳的税款。

⑤纳税人办理注销户籍纳税申报时，需要办理专项附加扣除、依法确定的其他扣除的，应当向税务机关报送《个人所得税专项附加扣除信息表》《商业健康保险税前扣除情况明细表》《个人税收递延型商业养老保险税前扣除情况明细表》等。

这个“离境申报”并非等同于某些国家税法下的“弃籍税”（expatriation tax）。“弃籍税”一般指在个人放弃国籍或永久居住许可时，该个人被视同将其名下所有资产进行了一次转让，并就增值部分缴纳所得税或资本利得税。

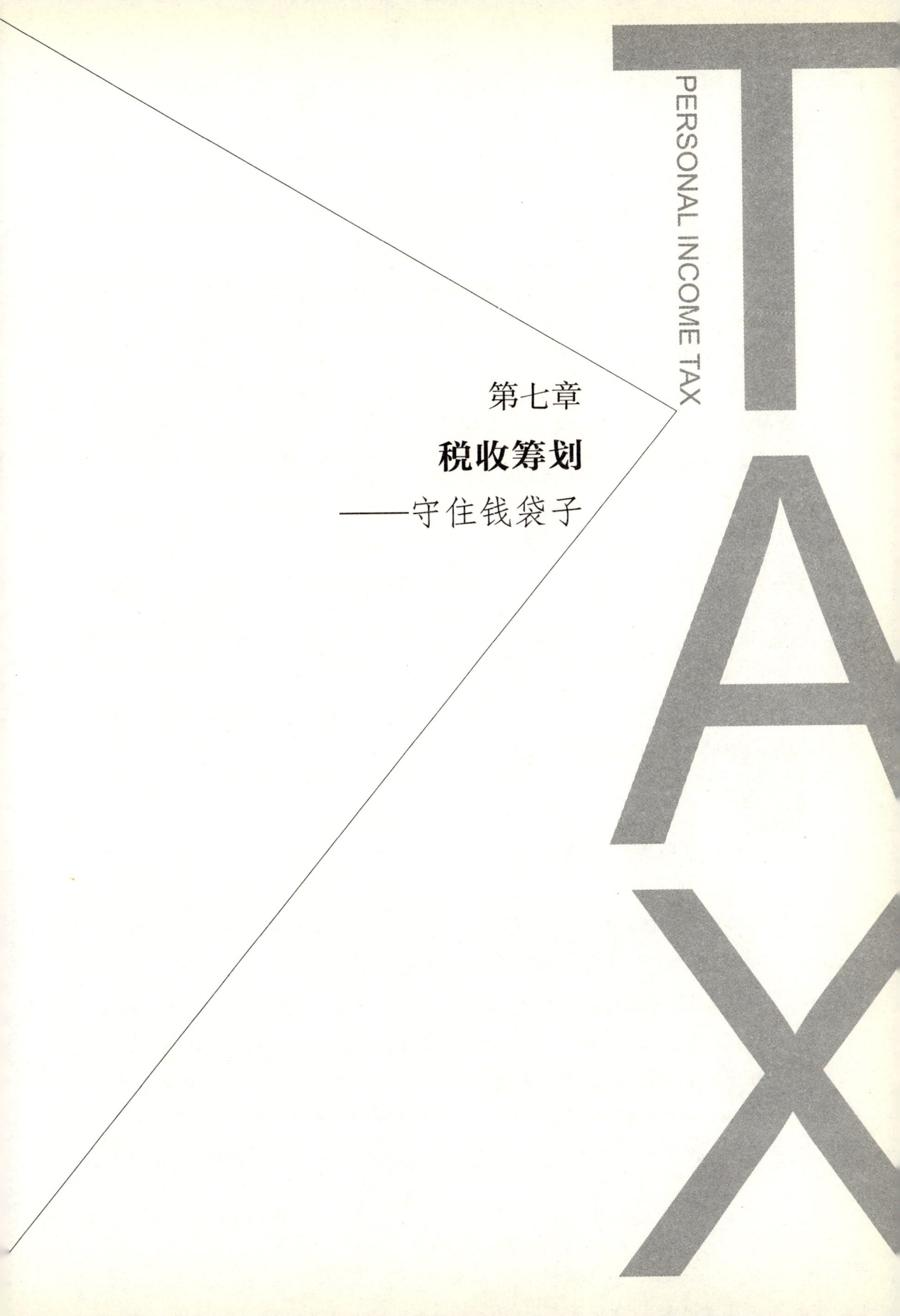

第七章

税收筹划

——守住钱袋子

【税收趣闻】

《肖申克的救赎》是根据史蒂芬·金的同名小说改编，被号称为人生必看经典电影之一，其中有些有趣的情节和本章要讲的税收筹划非常相似，凸显着国外对税收筹划的重视。

影片中，主人公银行家安迪依靠自己对美国税法的深入理解，成为监狱中的“报税顾问”，为典狱长和各类狱警提供税收筹划建议。最后还成为典狱长诺顿洗黑钱的重要工具。安迪为狱警们合理避税以及通过各种财务手段抵销税务的做法从侧面展现了20世纪40年代的美国税法的特点——既有严格的税务制度，又有合理的避税渠道。

7.1 税收筹划的概念及界定

7.1.1 税收筹划的概念

税收筹划是指纳税人在法律许可的范围内，合理安排生产经营活动，充分利用法律法规所提供的税收优惠，最大限度地降低企业税负。

简单来说，即通过自身合理合法的方式来减少自己需要缴纳的税收。以前，我国国民对税收观念认识不充分。对于寻常百姓，涉及收入的税收大部分有工资、薪金和年终奖，通过合理筹划可以减少相当金额的税收，防止个人所得税年终奖的“一元陷阱”；在支出方面，日常生活中买的所有东西都需要缴纳税收，这些税都包含在价格当中，造成人民感受不强烈。一支烟中大概有一半以上的价格是税收，一瓶白酒中也有一半是税收。因此掌握了税收筹划小技巧，生活成本才会得到有效的降低。

7.1.2　税收筹划的界定

避税与税收筹划的区别具体表现在以下三个方面：

一是概念不同。避税更侧重于规避税收这一本质要求，只要求形式、措施的合法，确切地说是“不违法”；而税务筹划侧重于内容、形式、措施的合法和符合政府的立法意图，不允许对税法进行曲解。

二是是否符合立法精神。税务筹划符合税法的立法意图，符合政府的政策导向；而避税与政府的立法意图相悖。

三是手段不同。避税针对税法上的漏洞，钻法律的空子，通过巧妙安排经济行为，谋取一定的税收收益，但无助于企业的长期经营与发展，因为漏洞一旦被堵上，投资者可能会陷入困境，严重的还要承担被惩罚的风险；而税收筹划则着眼于总体的决策和长期的利益，谋取的收益也是合法正当的。

综合来说，税收筹划更重要的是着眼于公司的长久计划，即通过筹划可以达到节税效果的长久化，因为筹划利用的是合法合理的法律法规，而避税只是在利用法律的空白或者漏洞，这种避税空间是短期的、不稳定的，这种空白和漏洞一定会在未来得到一定的修正，因此避税存在一定的风险性，所以在日常生活中，我们要注意区分筹划与避税的界限，防止增加自身违反税收法规的风险。

房地产企业与一般企业不同，在税收上除企业所得税和增值税外，主要的税收负担是土地增值税，因此有一些企业的会计则会在计算土地增值额的时候，将一些公司的日常管理费用大量计入土地施工成本中，从而降低土地的增值额用以减少土地增值税，请问以这种方式减少税收合法吗？

解析：不合法，会计的基本准则之一就是要保证会计账目的真实性，此种行为首先违反了国家会计准则，其次存在一种主观意象去减少税收义务，存在逃税嫌疑，不属于土地成本部分的支出不应该计入土地费用当中，此为不合法避税。

7.2 避税的概念及界定

纳税人的避税，关键在“避”字，它不同于“偷”或“逃”，具有一定的合理性与合法性。合法避税，并不被认为是什么大的过错，法律上也无从追究。但“避”也是一个微妙的字眼，如果不能把握好尺度，和“偷”“逃”扯上关系，势必会引来牢狱之灾。虽然减少自身税收负担的方式有很多种，但我们要把握好减少自身税收负担的“度”。

7.2.1 一般避税

1. 一般避税的概念

避税（Tax Avoidance）是指纳税人利用税法上的漏洞或税法允许的办法，在不违反税法规定的前提下，作出适当的财务安排或税收筹划，以期达到减轻或解除税负的目的。其后果是造成国家收入的直接损失，扩大了利用外资的代价，破坏了公平、合理的税收原则，使得一国以至于国与国之间的收入和分配发生变化、扭曲。

避税是对已有税法不完善及其特有缺陷所作的显示说明，它说明了现有税法的不健全特征。税务当局往往要根据避税情况所显示出来的税法缺陷采取相应措施对现有税法进行修改和纠正。所以，通过对避税问题的研究可以进一步完善国家税收制度，也有助于社会经济的进步和发展。

2. 一般避税的分类

避税可以分为中性避税与灰色避税。中性避税是指利用现行税制中的税法漏洞或缺陷，或者是利用税收政策在不同地区、不同时间的差异性特征，对经济活动的周密策划和安排，从而将应税行为转变为非税行为，将高税负业务转变为低税负业务的税收规避方式。例如，企业合理挂靠科研机构，享受进口设备、技术免征进口环节关税、增值税的行为，就属于中性避税。灰色避税是指通过改变经济活动的本来面目来达到少缴税款的避税行为，或者是企业会计核算和纳税处理中所反映的信息不符合经济事实。例如，业务招待费的转化，工资、薪金所得的税收筹划行为，即为此类。

7.3　逃税的概念与界定

逃税是指纳税人故意不遵守税法规定，不履行纳税义务的行为。逃税罪是指纳税人采取欺骗、隐瞒手段进行虚假纳税申报或者不申报，逃避缴纳税款数额较大的行为。

广义的逃税应包括偷税和抗税。后者是被列入刑事犯罪范畴的，世界各国已经明确规定，逃税在税收违法行为中属于比较严重的行为。我国《刑法》规定，纳税人采取欺骗、隐瞒手段进行虚假纳税申报或者不申报，逃避缴纳税款数额较大并且占应纳税额百分之十以上的，处三年以下有期徒刑或者拘役，并处罚金；数额巨大并且占应纳税额百分之三十以上的，处三年以上七年以下有期徒刑，并处罚金。

逃税与避税的不同之处在于，逃税是一种具备主观故意要件的必然违法的行为，经常和“欺诈”联系在一起。因此，对由于过失或者由于逃税以外的故意而导致的少缴或者不缴税款的行为不宜作为逃税予以处罚。

之前轰动全国的某知名明星逃税案，在案件处理中，该明星既涉嫌逃税违反我国税收法律法规，也包含一些避税手段。

某知名明星为法人的公司故意隐瞒收入以及签订阴阳合同这明

显属于逃税行为，严重违反我国法律法规，但其建立自身个人工作室以及合理合法变化自身收入形式确实属于合法避税范畴，税务部门无权对这些行为进行处罚。

偷逃税常用方式主要有以下四种：

第一，多行开户，隐瞒收入。

有些纳税人拥有多个银行的账户并同时使用，却只向税务机关提供其中的一个账户，将大量的实际收入隐瞒起来。在实际使用过程中，非公开账户的银行票据全部销毁，既不留存根也不留银行兑单，因此税务稽查很难发现。

第二，虚假纳税申报。

如实进行纳税申报是依法纳税的前提，纳税人须在法定时间内办理申报，报送纳税申报表财务会计报表以及税务机关要求的其他纳税资料。在实际工作中，纳税人常常通过对企业的生产规模、收入状况等内容作虚假申报，以达到偷逃税的目的。

第三，私设小金库，建立账外账。

某些企业可能具有两个或两个以上的账本，一本反映实际经营状况，另一本则通过各种手段在账目上制造亏损，以达到少缴税款的目的。

第四，伪造企业性质。

个别企业为获取减免税的优惠达到偷税的目的，将自己伪造成福利企业、校办工厂、高新技术企业等，骗取国家的退税和减免税。

高某在市区租了一套房子，租金3000元一个月。高某的单位可以提供一年的房补，当高某准备向房东要发票时，房东和中介均拒绝开具。当高某提出要求开具3600元的发票，并且保证税金会由自己承担时，房东也仍然不同意开具。究其原因，房东说他不愿意进入税务管理的系统。据说只要有过一次租房记录就会有税务稽查人员来检查房屋的出租情况，以核实房东是否偷税漏税。并说如果高某执意要发票就要高某搬走，房租全部退给高某。

以上案例即典型的个人逃税行为。出租房屋不纳税是个人偷漏税的常见情况，由于我国财产登记制度不完善，对于居民资金的监管不到位，对于个人出租房屋这类私人交易，国家是很难察觉到的。随着我国个人所得税的不断改革，租金被纳入个人所得税的专项附加扣除项目，因此个人之间的租房行为将越来越清晰地暴露在阳光下，从而矫正出租房屋市场中的偷漏税行为。

2018 年 10 月 3 日，从国家税务总局以及江苏省税务局获悉，2018 年 6 月初，群众举报某知名明星“阴阳合同”涉税问题后，国家税务总局高度重视，即责成江苏等地税务机关依法开展调查核实，目前案件事实已经查清。从调查核实情况看，某知名明星在某电影剧组拍摄过程中实际取得片酬 3000 万元，其中 1000 万元已经申报纳税，其余 2000 万元以拆分合同方式偷逃个人所得税 618 万元，少缴营业税及附加 112 万元，合计 730 万元。此外，还查出某知名明星及其担任法定代表人的企业少缴税款 2.48 亿元，其中偷逃税款 1.34 亿元。

以上案例为典型的明星“阴阳合同”事件，即影视明星被爆疑似以收入一高一低的两份合同偷逃税款。综合中国合同法及税法相关规定，“阴阳合同”是区别于通过税收筹划合理避税的违法行为。

7.4　个人所得税筹划方法

要实现税后利润最大化，纳税人往往要进行详细的税收筹划，这也是国家鼓励的。同时税收筹划对企业自身的发展，对社会的影响也是积极正面的。而税收筹划大都需要税前筹划。总而言之，只要发挥自己的聪明才智，就会得到意想不到的效果。

7.4.1 税收筹划的方法

1. 分清收入构成

首先，认定收入性质。例如，综合所得和财产性所得由于收入性质不同，计税政策也不同，因此缴纳的税收之间也存在一定差异，所以我们可以通过转换收入的形式来使其适用的税率降低从而达到减少税收缴纳的效果。其次，注意收入的发放时间。如发放月度奖和年终一次性奖金，就存在计税时间的差异。最后，要注意区分需要缴纳个人所得税的收入和不需要缴纳个人所得税的收入。

2. 准确把握扣减项目

除基本养老保险、基本医疗保险、基本生育保险、住房公积金不征收个人所得税外，其他保险也是实现个人所得税筹划的重要手段。比如，个人在规定范围内购买的符合规定的商业健康保险支出，应在当月或当年计算应纳税所得额时予以税前扣除。

3. 契约变化

经济契约关系、合同模式的改变，一般会引起税收的变化。这一原理证明了合同条款的重要性。

例如，股东到公司借款，根据《财政部　国家税务总局关于规范个人投资者个人所得税征收管理的通知》（财税〔2003〕158 号）规定，纳税年度内个人投资者从其投资的企业（个人独资企业、合伙企业除外）借款，在该纳税年度终了后既不归还，又未用于企业生产经营的，其未归还的借款就被认定为公司分配给股东的分红，然后对此进行征税。

但是如果采用合理的筹划手段，则可以减轻税负。例如，对董事长的个人借款，让其在次年筹备周转资金时还上，然后在下一个年度再通过签订借款合同借出该笔款项。这种处理模式，要求董事长每年都要签订借款协议，使借款期限控制在 1 个纳税年度。此外，还可以采用更换借款人的方法，在借款时就转变当事人（契约方），让董事长的朋友（非股东身份）办理个人借款，从而摆脱上述政策的约束，即使借款超过一个纳税年度也不用缴纳任何税款。

4. 找准临界点

根据《财政部　国家税务总局关于个人与用人单位解除劳动关系取得的一次性补偿收入征免个人所得税问题的通知》（财税〔2001〕157号）第一条规定，个人因与用人单位解除劳动关系而取得的一次性补偿收入（包括用人单位发放的经济补偿金、生活补助费和其他补助费用），其收入在当地上年职工平均工资3倍数额以内的部分，免征个人所得税。

5. 利用公益捐赠支出

个人将其所得通过中国境内的社会团体、国家机关向教育和其他社会公益事业以及遭受严重自然灾害地区、贫困地区的捐赠，金额未超过纳税人申报的应纳税所得额30%的部分，可以从其应纳税所得额中扣除。

6. 取得合规发票

凡是以现金形式发放各种补贴（通信补贴、交通费补贴、午餐补贴）的，视为工资、薪金所得，计算缴纳个人所得税。

凡是根据经济业务发生并取得合法发票实报实销的，属于企业正常经营费用，不需要缴纳个人所得税，也就是说，如果我们直接收到公司以上类别的现金补贴，则需要缴纳个人所得税，如果以合理的票据进行报销，则不需要缴纳个人所得税。

税收筹划的方式有许多，以上只列举了较为常见的几种。税收筹划不同于偷税、逃税，它不是对法律的违背和践踏，而是以尊重税法、遵守税法为前提，以对法律和税收的详尽理解、分析和研究为基础，是对现有税法的优惠政策的合理利用。对纳税人来说，理解、分析和研究合法避税并不断进行实践，这不仅直接可以给纳税人带来经济利益和货币收入，使他们创造的商品价值和商业利润有更多的部分合法留给纳税人自己，而且还能够帮助纳税人树立正确的法制观念和依法纳税的意识，从而提高纳税人的素质。

小王是从山村走出来的孩子，目前在某二线城市工作，当月小王收到10000元的劳务报酬，小王觉得自己要为山村出一份力，就通过

民政部门捐赠了2000元，请问小王的个人所得税应该如何缴纳？

捐给民政部门用于救灾的2000元，属于个人所得税法规定的捐赠范围，而且捐赠金额未超过其应纳税所得额的30%：

捐赠扣除限额为：10000×（1-20%）×30%=2400（元）

实际捐赠2000元，可以在计税时，从其应税所得额中全部扣除。

根据劳务报酬一次性收入超过4000元的，其应纳税所得额和应预缴个人所得税如下：

应纳税所得额＝每次收入额×（1-20%）

应纳个人所得税＝（应纳税所得额－允许扣除的实际捐赠额）×20%

根据上式计算，该人应纳个人所得税如下：

［10000×（1-20%）-2000］×20%=1200（元）

7.5 个人所得税筹划案例

7.5.1 个人综合所得的税收筹划典型案例

张先生一家位于某市。张先生已结婚生子，育有两个孩子，均就读于两所全日制本科大学。张先生还有一位姐姐，姐弟两人均在工作。张先生父母均健在，老人已经年满70周岁，且都在老家安享晚年。最新《个人所得税法》实施后，张先生想通过学习相关税法的内容进行一定空间的筹划来降低家庭负担。张先生的主业为一家公司的财务经理，年薪25万元，家中拥有一辆代步车，因张先生业余时间爱好山水画，经常在空闲时间自己创作，也会有出售一些定制精品画作赚取劳务报酬的情况存在，张先生妻子因以前专心教育孩子，待两个孩子读大学后才开始工作，因此月薪4000元。

2019 年张先生因为工作表现突出，公司给予年终奖 4 万元，当年通过出售定制精品山水画取得劳务报酬总计 4.2 万元，代步车一年租金需要 5 万元。张先生一家除上述收入外无其他相关收入来源，请问张先生一家应该怎样筹划才能使他们所缴纳的个人所得税尽量少呢？

筹划思路：如果张先生不做任何筹划进行年终申报纳税，则张先生的劳务报酬所得应与工资、薪金所得合并按综合所得进行申报纳税，张先生的年终奖单独计税，子女教育专项附加扣除和妻子平均分摊扣除，赡养老人的专项附加扣除和姐姐平摊扣除，则张先生会多缴纳很多没有必要的税款。对于张先生一家的筹划可以分为以下几点：

首先，对于工资薪金的筹划，张先生年薪 25 万元，扣除基本费用和专项附加扣除后依旧适用 20% 的个人所得税税率，税负相对较高，因此张先生可以将自己家中的代步车转租给公司，然后由公司分配给张先生使用，使得张先生的 5 万元工资、薪金转化为租车收入，适用比例税率，这样一来，张先生的工资、薪金收入降低，但是这并不足以使张先生的工资、薪金适用于更低一层级的税率。

其次，对于年终奖的筹划，张先生收到 4 万元年终奖，根据本书所提到的年终奖陷阱，我们可以了解到，在 2019 年和 2020 年这两年，纳税人可以自行选择是否将年终奖并入综合所得征收。此案例中，显然不应该并入综合所得征收，但是在年终奖超过 3.6 万元时税率将从 3% 提升到 10%，会大大增加张先生的税负，因此张先生可以通过和公司协商，将剩下的 4000 元延迟到明年发放，这样张先生的年终奖只需要按照 3% 的税率缴纳个人所得税。

再次，对于专项附加扣除的筹划，因为张先生的姐姐也在工作，自然也会对赡养老人申请专项附加扣除，因此张先生只能和姐姐平均分摊赡养老人费用。但是在子女教育的专项附加扣除上，因张先生的妻子工资、薪金并未达到 5000 元，并不需要缴纳个人所得税，因此也不需要专项附加扣除费用，所以可以将两个孩子的子女教育专项附加扣除全部由张先生一个人来进行申报，以减少张先生的应纳税所得额。

最后，对于劳务报酬的筹划，如果将张先生的劳务报酬与工资、薪金合并征收，无论张先生对于工资、薪金怎样筹划，都无法将张先生适用的20%税率降低到10%的税率，因此对劳务报酬的筹划至关重要。在此我们提供两个思路，第一，因为张先生的妻子月薪4000元，并未达到我国规定的基本扣除费用的上限，即全年张先生的妻子还有高达1.2万元的免税额度。因此，张先生可以在签订劳务报酬时，妻子将和他一起领取此项劳务报酬收入，并且计算好妻子正好获得1.2万元劳务报酬收入，在年终汇算清缴时，张先生的妻子依旧不会交税，并且会退还之前的个人所得税预缴税额，张先生扣除掉1.2万元的劳务报酬之后，再加上之前的工资、薪金筹划和专项附加扣除筹划，可以将综合所得适用的20%税率降低为10%，从而达到减轻生活负担的效果。第二，张先生可以通过变换收入项目的形式，将劳务报酬所得变成经营所得收入，避免其加入综合所得，提升综合所得税率，所以张先生可以建立一个山水画工作室，将劳务报酬所得转化为经营所得，从而降低综合所得的适用税率，并且这部分劳务报酬所得的收入适用的经营所得税率也较低，但是适用的是10%。因为张先生的劳务报酬所得已经超过3万元，因此如果想要进一步降低经营所得的税负，可以按照第一种方法，将劳务报酬合同变成张先生的工作室和张先生的妻子签订，将1.2万元变为妻子劳务报酬所得，剩下3万元为张先生工作室收入，适用3%税率，这样可以最大限度地减少张先生一家的税收负担，提高张先生一家的生活水平。

7.5.2 某知名明星避税方式

1. 设立个人独资工作室

因明星职业的特殊性，加之娱乐产业的畸形发展，我国目前知名明星的片酬收入动辄千万元，在劳务报酬所得中适用最高税率，即40%，而在个体工商户及独资合伙企业的累进税率中最高税率为35%，个人独资企业属于合伙企业范畴，故而依旧缴纳个人所得税，单纯的劳务报酬所得就其所有收入扣除一定比例费用后纳税，个人独资工作室首先在税率上已经有效降低了5个百分点的税负。不仅如此，成立个人独资工作室还可以将发生的合理相关费用依法在税前进行扣除，进一步降低个人所得税税负。

另外，某知名明星设立的无锡某某文化工作室享有影视行业特殊税收优惠政策，不仅会有一些专项资金补贴，而且对于认定成功的影视业工作室采用核定征收法，即无锡税务局对于某知名明星的个人独资工作室不采用查账征收，而是采用总收入乘以征收率的形式加以征收，最低的个人所得税率只有3.5%。

2. 充分利用税收洼地

此案所牵扯的税收洼地主要有两个，这两个税收洼地也是主要针对于影视娱乐业的，分别为无锡和霍尔果斯。为什么在下达的行政处罚决定没有这两个地方的责任，而最后下达的对无锡税务局部分人员的问责也是由于他们的职责失当，并非由于税收洼地所产生的非法避税手段，这是因为我国特殊国情的原因。

我国幅员辽阔，当然在地区之间会存在发展差异，有些地区为了招商引资，常常会对一些特定行业的企业给予一些税收优惠。因我国各个中央管辖的税种税率以及征收管理都有明确规定，故而地方不能改变。在收入税款之后，地方拿到税款分成后再以其中一部分作为专项资金或者补贴返还给纳税人从而达到降低税负的作用。其他的方式就是比较灵活的运用一些征管的规定或者实实在在存在相关税收优惠政策，从而达到让纳税人少缴税款的作用。

上面提到某知名明星在无锡所开设的个人工作室采用的核定征收办法直接以收入乘以征收率即为纳税人应缴纳税款，大大降低了高收入明星的税负，避免了大部分明星适用45%或者35%的个人所得税税率。不仅如此，在无锡设立的相关影视企业还会获得政府以产业资金的大量补贴，财政返还政策如下：

表 7–1　无锡产业园财政返还表

	第一年—第三年	第四年—第五年
园区企业、工作室	返还增值税所得税市级政府留成的 80%	返还增值税所得税市级政府留成的 50%

除财政返还外，还包含大量园区内租金减免、重点项目补贴、知名企业和工作室认证奖励以及其他形式的补贴及奖金返还，单从某知名明星个人所得税税率从 45% 到设立工作室以核定征收 3% 的征收率纳税，到前三年政府的 80% 返还，已经抵销掉某知名明星的绝大部分税负，税收优惠力度之大，令人咂舌。

另外，霍尔果斯也存在着不亚于无锡的税收优惠政策，2011 年国家“一带一路”倡议实施之后，霍尔果斯被列为新的经济特区，财政部与国家税务总局联合下发通知，对相关企业实行“五减五免”的税收优惠。

根据公开资料，霍尔果斯享有以下优惠政策：

（1）新注册公司享受五年内企业所得税全免。五年后地方留存的 40%（企业所得税中央和地方按 60%：40% 分）将以“以奖代免”的方式返还给企业。等于是地方留存部分全免，时间也是 5 年。

（2）增值税（中央和地方共享税收，最后按 50%：50% 分）及其他附加税（100% 地方留存）总额地方留存部分（即 50% 的增值税和 100% 的附加税）年缴纳满 100 万元开始按比例奖励，一般奖励 15%—50%。

表 7–2　霍尔果斯增值税及其他附加税奖励比例

地方留存税收	返回比例
100 万元—300 万元	15%
300 万元—500 万元	20%
500 万元—1000 万元	25%
1000 万元—2000 万元	30%

续表

地方留存税收	返回比例
2000 万元—5000 万元	35%
5000 万元—1 亿元	45%
1 亿元以上	50%

（3）企业员工的个人所得税满 1000 万元开始返还地方留存部分（个人所得税地方分 40%，中央分 60%）的 70%，2000 万元—4000 万元返还地方留存部分的 80%，4000 万元以上返还地方留存部分的 90%。

（4）信息科技类企业固定资产投资总额 5000 万元以上的，给予 50 元 / ㎡补贴。

（5）高新技术产业投入设备成本，返还总投入 1% 财政补贴。

（6）总部经济类企业最高享受 500 万元办公用房补贴。

3. 通过特殊股权构架、身兼多职分散收入

众所周知，在《个人所得税法》第七次修订之前，个人所得采取分类征收模式，分别按照收入的性质进行分类。对于收入畸高的纳税人最常见的避税方法就是分散收入，从而分别纳税，降低自身税负。某知名明星名下有多家公司，其投资关系如图 7–1 所示。

某知名明星拥有如此多的公司，其中不止有影视文化公司，甚至包括投资公司，酿酒公司，可见某知名明星并不单纯是一位演员，更是一位商业帝国的缔造者。那些其未拥有 100% 股权的公司大部分剩下的股权由其经纪人直接或间接持有或者是其母亲直接或间接持有，如此庞大的商业帝国，可见该知名明星的能力之大。对于合理避税来说，建立那么多的公司的好处，就是可以大量分散自身收入，使收入按照不同的类别进行分别纳税，从而降低所适用的税率，以达到减少缴纳税款的效果。比如，该知名明星与一家合作方签订合同，其把总收入分为几部分由自己名下的公司分别签订阶段性合同，分别作为不同次数的劳务收入分别纳税，从而降低适用税率和应纳税款。

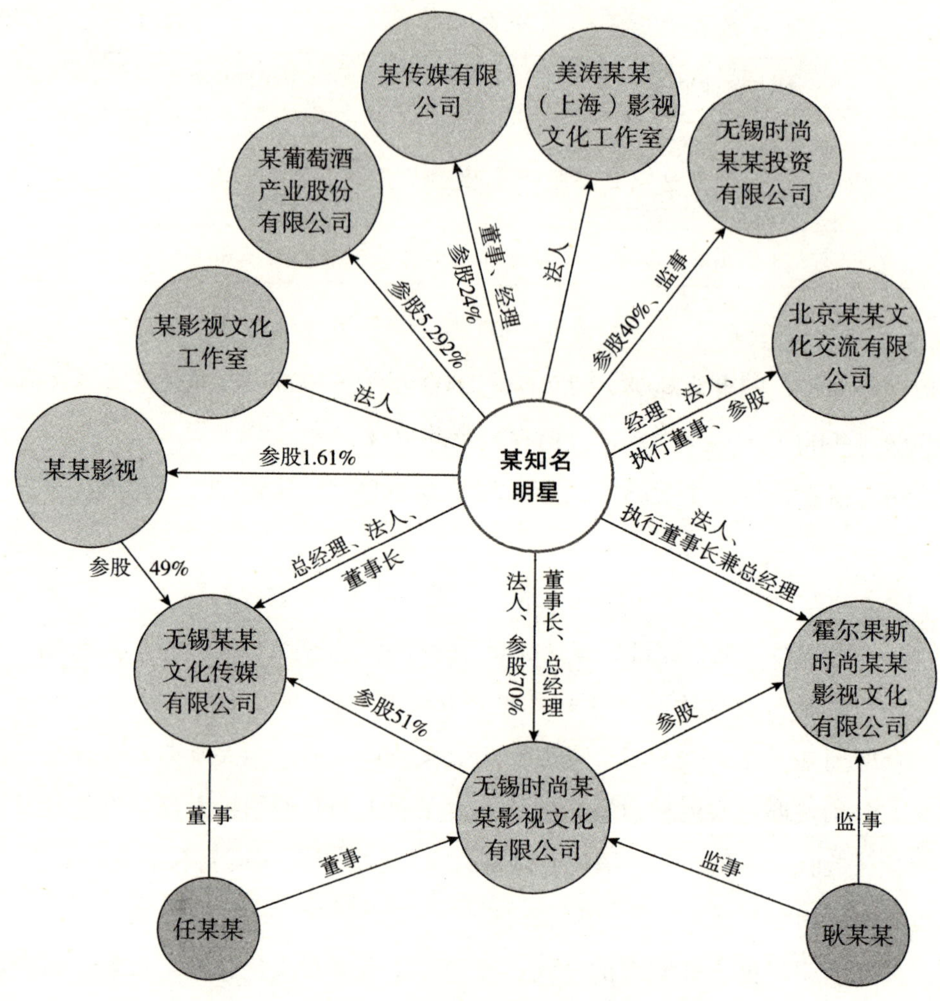

图 7-1　某知名明星资本投资关系

4. 利用“壳公司”避税

某知名明星旗下的某某影视文化公司于 2015 年注册成立，公司相关情况如表 7-3 所示，工商登记资料显示此公司只有 3 名从业人员，那么此公司在 2015 年度发生的 3000 多万元公司成本显然不合理，其他原因不得而知，但就避税而言，某知名明星通过演出等方式获得的收入是以劳务报酬计算应纳所得税，其间不得扣除其发生的相关费用及成本，而成立一个“壳公司”则可以使某知名明星在从事劳务报酬活动中将其所花费的费用和成本得以在税前抵扣，不仅如此，企业所得税的税率远没有个人所得税的最高税率高，所以通过成立一个壳公司，不仅可以使某知名明星日常活动中的开销费用化，而且可以直接通过公司账户与其他各方进行交易，所得利润只要未分配某知名明星就不用交税，另外，此项收入也不计入某知名明星收入范围内，堪称一举多得。

表 7–3　某某影视文化公司信息

单位：元

公司（2015年）	注册资本	资产	所有者权益	销售额	净利润	负债
某某影视文化	300 万	1036 万	53 万	3468 万	53 万	983 万

7.6　工资、薪金所得的筹划

在日常生活中，常常听到有人抱怨说拿到了一笔外快，但在扣税后，就感觉少了一大笔钱。因此，如何对个人所得税进行税收筹划，怎样合理避税、节税就成了不少市民关心的话题之一。

2018 年我国《个人所得税法》实行了重大改革调整，此次改革切实关系到每个人的利益。工资、薪金所得税涉及面广、占税收比例大，特别是在减税降费的大环境下如何根据税法的要求，选择最佳的节税方案，是广大企业和市民，尤其是工薪族最关心的事情。

7.6.1　收入福利化

企业一味地增加员工的现金收入，从税收的角度来看并不完全可取。企业可以通过提高员工的福利水平降低其名义工资，通过减少员工的税金支出，达到增加实际收入的目的。常用的方法有以下四种：

一是为员工提供交通设施。员工上下班一般都要花费一定的交通费，企业可以通过提供免费的接送服务，或者将单位的车租给员工使用，再相应地从员工的工资中扣除部分予以调整。对企业来讲，当职工支付的税金影响其消费水平时，就要考虑采取加薪措施，增薪必然会引起税收变化，反而会导致企业支付量的扩大。因此，由企业承担部分费用的做法，往往会使职工、企业双方受益。

二是为员工提供免费工作餐。企业为员工提供免费的工作餐，必须具有不可变现性，即不可转让，不能兑换现金。

三是为员工提供培训机会。随着知识更新速度的加快，参加各种培训已经成为个人获取知识的重要途径。如果企业每年给予员工一定费用额度的培训机会，职工在考虑个人的报酬总额时，一般也会把这些考虑进去。这样职工也可以在一定程度上减少税收负担。

四是为职工提供旅游机会。随着人民生活水平的提高，旅游开支已经成为许多家庭必不可少的支出项目。个人支付的旅游支出同样不能抵减个人所得税。但是企业在制订年度员工福利计划时，可以给部分员工及其家属提供一次旅游机会，而把相应的费用从原打算支付给职工的货币工资及奖励中扣除，使员工在维持同等消费水平的基础上，减少了个人所得税的税金支出。当然，企业支付的职工旅游费用不能在税前扣除，可以考虑从工会会费、公益金中支出。

小王在一家公司工作，他对古董有一种莫名的爱好，因此每年经常会固定一次去一些古董展览会参观学习。如果你是一名税务筹划人员，你会怎样给小王作出合理的税收筹划呢？

解析：让小王跟公司沟通，将小王的每次古董展览会支出全部带到公司报销，公司每年承诺小王一次公司福利以及报销范围和额度，这些费用作为公司给小王的福利，并从小王的工资中加以扣除，这样小王的工资则变为原先收入减去旅游后剩余的部分，适用的税率以及缴纳的税收自然会得到相应的减少。

王先生在一家会计师事务所工作，因为工作的特殊性，员工一般不在公司办公，通常在企业办公。所以，公司一般不提供工作餐，但因为特殊原因，王先生近两年不需要外出办公，只需在公司办公即可，请问王先生自己怎么筹划才能减少自己应该缴纳的税收？

解析：王先生跟公司协商，让公司每天中午以公司的名义给王先生提供工作餐，此部分支出从王先生的工资、薪金所得中扣除。这样一来，王先生可以和以前一样正常工作，工资、薪金所得所属的综合所得缴纳的税收也会相应地减少。

7.6.2　变换应税项目

1. 住房公积金

根据《关于基本养老保险费　基本医疗保险费　失业保险费住房公积金有关个人所得税政策的通知》（财税〔2006〕10号）的规定，单位和个人分别在不超过职工本人上一年度月平均工资12%的幅度内，其实际缴存的住房公积金，允许在个人应纳税所得额中扣除。单位和职工个人缴存住房公积金的月平均工资不得超过在岗职工月平均工资的3倍。单位和个人超过上述规定比例和标准缴交的住房公积金，应将超过部分并入个人当期的工资、薪金收入，计征个人所得税。

某公司所在市在2018年度在岗职工年平均工资为120000元，折算为在岗职工月平均工资为10000元，也就是说，公司提高员工张某住房公积金缴费基数至30000元，则全年可以税前扣除金额为43200元（30000×12%×12）。

解析：即公司每月为张某交的住房公积金为2000元，而住房公积金的免税限额标准为43200/12=3600元，则张某可以追加补交1600元住房公积金，则此1600元是不需要缴纳个人所得税的，并且很有可能会降低自己原先薪资所适用的个人所得税税率，从而达到良好的避税效果。

2. 企业年金

企业年金、职业年金递延纳税，也属于一种税收优惠。递延纳税是指在年金缴费环节和年金基金投资收益环节暂不征收个人所得税，将纳税义务递延到个人实际领取年金的环节。根据《财政部　人力资源社会保障部　国家税务总局关于企业年金、职业年金个人所得税有关问题的通知》（财税〔2013〕103号）规定，个人根据国家有关政策规定缴付的年金个人缴费部分，在不超过本人缴费工资计税基数的4%标准内的部分，暂从个人当期的应纳税所得额中扣除；在年金基金投资环节，企业年金或职业年金基金投资运营收益分配计入个人账户时，暂不征收个人所得税；在年金领取环节，个人达到国家规定的退休年龄领取的企业年金或职业年金，按照“工资、薪金所得”项目适用的税率，计征个人所得税。

福州市某公司员工林某2019年1月工资为10000元，当地职工月平均工资为4007.42元，若按2%缴付企业年金200元，则只能扣除200元；若按4%缴付企业年金400元，均可税前扣除；若按5%缴付企业年金500元，则只允许扣除400元（根据财税〔2013〕103号规定，个人根据国家有关政策规定缴付的年金个人缴费部分，在不超过本人缴费工资计税基数的4%标准内的部分，暂从个人当期的应纳税所得额中扣除），超出的100元须并入当年综合所得缴税。林某2019年2月工资为15000元，若其按2%缴付企业年金300元，均可税前扣除；若按4%缴付企业年金600元，由于允许扣除金额最高为480.89元，超出的119.11元须并入全年工资、薪金所得缴税。

因此，在此种情况下，只有按照年金免税限额缴付年金才能达到年金递延纳税效果的最大化。

某市2018年度在岗职工年平均工资120000元，年金个人缴费的税前扣除限额为1200元（120000÷12×3×4%），市税务局将根据市统计公报数据每年调整扣除限额标准。

（1）A先生2019年5月工资为8000元，假设企业年金缴费工资计税基数为10000元，若其按4%缴付年金320元，均可税前扣除；若按3%缴付年金240元，则只能扣除240元；若按6%缴付年金480元，仍只允许扣除400元，超出的80元须并入当年综合所得缴税。

（2）B先生2019年5月工资为2万元，若其按4%缴付800元年金，根据2018年度的职工平均工资，允许扣除金额最高为1200元，所以B先生缴纳的年金无须纳税。

3. 商业养老保险递延纳税

2018年4月2日，财政部、税务总局、人力资源社会保障部、中国银行保险监督管理委员会、证监会五部委联合下发《关于开展个人税收递延型商业养老保险试点的通知》（财税〔2018〕22号），决定自2018年5月1日起，在上海市、福建省（含厦门市）和苏州工业园区实施个人税收递延型商业养老保险试点。试点期限暂定一年。

试点政策主要内容为：对试点地区个人通过个人商业养老资金账户购买符合规定的商业养老保险产品的支出，允许在一定标准内税前扣除；计入个人商业养老资金账户的投资收益，暂不征收个人所得税；个人领取商业养老金时再征收个人所得税。

对取得工资、薪金所得和连续性劳务报酬所得的个人，其缴纳的保费准予在申报扣除当月计算应纳税所得额时予以限额据实扣除，扣除限额按照当月工资、薪金所得和连续性劳务报酬所得的6%和1000元孰低办法确定。取得连续性劳务报酬所得，是指纳税人连续6个月以上（含6个月）为同一单位提供劳务而取得的所得。

其主要筹划空间与缴纳年金类似，缴纳时暂不征收个人所得税，领取时再缴纳个人所得税，税收筹划效果主要是递延纳税，即获得货币的时间价值。

4. 变工资为房租收入、租车收入等

随着生活水平的提高，汽车基本成为每个家庭的标配，养车的费用更是必不可少；对于高收入阶层而言，将车子租给公司使用，采取私车公用的方法就可以将工资转化为租金收入，达到降低个人所得税负担的目的。

私车公用的具体操作方案：员工与公司签订租车协议，将自己的汽车租给公司，公司按月向员工支付租金；同时在协议中约定因公务发生的相关车辆的非固定费用（如汽油费、过桥费、停车费等）由公司承担。这样就可以实现汽车相关费用由公司承担，实现税前合法列支。

李某为一家非租车公司员工，今年年底劳动合同到期，准备重新签订劳动合同，之前李某的月薪为42000元，租车的市场价格为每月3000元，包含个人自负的各种费用。

若李某仍像以前一样签订劳动合同，则李某每月应该预缴的个人所得税为：

（45000–5000）×30%–4410=6690（元）

若李某与公司签订协议，公司租用李某的汽车，并且租用后把汽车分配给李某使用，李某的工资改为39000元，另外获得每月租车收入3000元。则李某应该缴纳的个人所得税为：

李某工资、薪金应缴纳的个人所得税为：（39000–5000）×25%–2660=5840（元）

李某租车收入缴纳的个人所得税为：（3000–800）×20%=440（元）

李某总共缴纳个人所得税6280元，相比较于之前每月可少缴纳个人所得税410元，此种避税方法对于收入越高的纳税人，避税效果就越明显，特别在跨越边际税率的薪水范围内尤为有效。

租车方案注意以下要点：

（1）租车的租金必须按照市场的价格设定；

（2）员工需要携带租车协议和身份证到税局代开租车发票，公司才能在税前列支该项费用；

（3）汽车的固定费用（如保险费、车船税、折旧费等）不能由公司承担；

（4）在公司报销的车辆费用必须取得发票（依据：《中华人民共和国税收管理法》、个人所得税法、财政部税务总局海关总署公告 2019 年第 39 号文）。

5.“工资收入”转化为“房屋租金收入”

住房是员工生存的必要场所，为住房而支付的费用是必需的开支，利用税前的收入支付这部分开支能够达到很好的节税效果。

具体操作：

①若员工拥有自有房产，可以与公司签订房屋租赁协议，将房屋租给公司，公司按月向员工支付租金，同时约定每月的水电费、物业管理费等固定费用由公司承担。

②若员工现居住的房屋为租赁房屋，可以与公司签订转租协议，由公司承担房屋的租金和水电费、物业管理费等固定费用。

筹划成本：个人出租住宅、转租住宅只需要按照个人所得税中出租财产项目征收个人所得税，若为居民唯一自用住房，则税率更低，且采取比例税率，而非综合所得的累进税率。但值得注意的是，若自身没有房产，通过与公司签订合同说明公司福利包括提供员工住房，用以支付员工较少的工资、薪金以适用较低税率的，会存在纳税人失去《个人所得税法》中的住房租金的专项附加扣除，因此在实际操作中需要衡量两者之间的优劣关系。

筹划效果：个人出租住宅的个人所得税税率在高净值人群中远低于综合所得的累进税率，以租金收入代替工资收入节税效果明显；同时由公司承担房屋的水电费、物业管理费等固定费用，相当于利用员工的税前收入支付这部分必要费用。

7.6.3 离职费筹划

根据财政部《关于个人所得税法修改后有关优惠政策衔接问题的通知》（财税〔2018〕164号），个人因与用人单位解除劳动关系而取得的一次性经济补偿收入、退职费、安置费等所得要按照以下方法计算缴纳个人所得税：

1. 个人因与用人单位解除劳动关系而取得的一次性补偿收入（包括用人单位发放的经济补偿金、生活补助费和其他补助费用），其收入在当地上年职工平均工资3倍数额以内的部分，免征个人所得税；超过的部分按照国税发〔1999〕178号文的有关规定，计算征收个人所得税。即可视为一次取得数月的工资、薪金收入，允许在一定期限内进行平均。具体平均办法：以个人取得的一次性经济补偿收入除以个人在本企业的工作年限数，以其商数作为个人的月工资、薪金收入，按照税法规定计算缴纳个人所得税。个人在本企业的工作年限数按实际工作年限数计算，超过12年的按12年计算；

2. 个人领取一次性补偿收入时按照国家和地方政府规定的比例实际缴纳的住房公积金、医疗保险费、基本养老保险费、失业保险费，可以在计征其一次性补偿收入的个人所得税时予以扣除。个人在解除劳动合同后又再次任职、受雇的，对个人已缴纳个人所得税的一次性经济补偿收入，不再与再次任职、受雇的工资、薪金所得合并计算补缴个人所得税。

根据财政部《关于个人所得税法修改后有关优惠政策衔接问题的通知》（财税〔2018〕164号）第五条规定，个人与用人单位解除劳动关系取得一次性补偿收入（包括用人单位发放的经济补偿金、生活补助费和其他补助费），在当地上年职工平均工资3倍数额以内的部分，免征个人所得税；超过3倍数额的部分，不并入当年综合所得，单独适用综合所得税率表，计算纳税。

假设2018年滨海市在岗职工年平均工资为120000元，折算为在岗职工月平均工资为10000元，也即个人与用人单位解除劳动合同总赔偿在360000元（120000×3）内是完全免税的。

A公司张某2019年度税前年薪为124万元，A公司与张某在合同中约定按月平均发放薪金。不考虑社保、住房公积金因素，因相对高管薪酬来说，该类费用金额较小。那么张某2019度应缴的个人所得税为：

全年应交个人所得税合计为：（124–6）×45%–18.192=34.908（万元）

上例，A公司与张某于年初签订劳动合同时，约定张某当年基本收入为100万元，若张某达不到公司的任职条件，A公司可解除与张某劳动合同关系并补偿其24万元。同时假设张某在A公司的工作年限超过一年但不到两年。解除劳动关系后，A公司再与张某重新签新一份年度合同，实质并不影响工作连续性。

因解除劳动合同的补偿未超过限额标准243102元，因此张某收到的24万元为免税收入。

张某全年应纳个人所得税合计为：（100–6）×35%–8.592=24.308（万元）

与上述方案相比，节税效果十分显著，纳税人通过此种方式直接减少缴纳个人所得税10万元以上。

本方案对员工与企业的关系要求较高，各方都需要接受较大的挑战，员工从节税角度是否能理解企业的行为，企业能否从员工的角度为员工考虑，只有双方达到高度和谐与默契，才可能在签订劳动合同、解除劳动合同、重新签订劳动合同之间无缝衔接。

7.6.4　年终奖陷阱

2018年12月27日，财政部、国家税务总局联合颁发的《关于个人所得税法修改后有关优惠政策衔接问题的通知》（财税〔2018〕164号）第一条第（一）项规定：“居民个人取得全年一次性奖金，符合《国家税务总局关于调整个人取得全年一次性奖金等计算征收个人所得税方法问题的通知》（国税发〔2005〕9号）

规定的，在2021年12月31日前，不并入当年综合所得，以全年一次性奖金收入除以12个月得到的数额，按照本通知所附按月换算后的综合所得税率表（以下简称月度税率表），确定适用税率和速算扣除数，单独计算纳税。计算公式为：

应纳税额＝全年一次性奖金收入 × 适用税率－速算扣除数

居民个人取得全年一次性奖金，也可以选择并入当年综合所得计算纳税。

自2022年1月1日起，居民个人取得全年一次性奖金，应并入当年综合所得计算缴纳个人所得税。”

新《个人所得税法》下，2022年之前，个人年终奖的计算原理平移了以前的年终奖政策，只不过纳税人有权选择使用或者不使用，不用再减当月收入不足扣除费用的差额后，再除以12个月。

张先生2019年工资、薪金所得为取得代扣专项扣除后的80000元，专项附加扣除10000，其他扣除没有，应纳税所得额为：80000–60000–10000=10000（元），适用3%税率，汇算清缴应纳税额为：10000×3%=300（元）。假设2019年年终奖为36000元，纳税人选择单独纳税：36000/12=3000（元），36000×3%=1080（元）。我们再假设某人取得2019年年终奖为36001元，那么纳税黑洞就出现了：36001/12=3000.08（元），36001×10%–210=3390.1（元），两者间的差额为：3390.1–1080=2310.1（元），多领了1元年终奖，却需要多缴个人所得税2310.1元。

经过测算，在新《个人所得税法》下，年终奖在36000—38566.67元这个阶段同样会存在多发钱却收到更少钱的“陷阱”，不仅在这个档位，在144000—160500元，300000—318333.33元，420000—447500元，660000—706538.46元，960000—1120000元档位都会存在“年终奖陷阱”，所以各等级年终奖发放时要避免这些区域（详见表7–4）。

表 7–4　“年终奖陷阱”

年终奖（元）	适用税率（%）	速算扣除数（元）	应纳税额（元）	多发奖金数额（元）	增加税额（元）	税后数额（元）
36000	3%	0	1080			34920
36001	10%	210	3390.10	1	2310.10	32610.90
38566.67	10%	210	3646.67	2566.67	2566.67	34920
144000	10%	210	14190.00			129810.00
144001	20%	1410	27390.20	1	13200.20	116610.80
160500	20%	1410	30690	16500	16500	129810.00
300000	20%	1410	58590			241410
300001	25%	2660	72340.25	1	13750.25	227660.75
318333.33	25%	2660	76923.33	18333.33	18333.33	241410
420000	25%	2660	102340			317660
420001	30%	4410	121590.30	1	19250.30	298410.70

按照这种思路，我们假设某人在第一档（年终奖为 36000 元）的年终奖纳税黑洞的上限是 X，则有下面的公式：X–（X×10%–210）= 36000–36000×3%，经过计算，X=38566.67 元，即第一档的纳税黑洞区间为：36000—38566.67 元；同样的计算原理，假设第二档的年终奖纳税黑洞的上限是 Y，则同样有下面的计算公式：Y–（Y×20%–1410）=144000–（144000×10%–210），经过计算，Y=160500 元，即第二档的纳税黑洞区间为：144000—160500 元；同样的计算原理得出不同档次的个人年终奖纳税档次纳税黑洞，见表 7–5。

某纳税人 2019 年工资、薪金所得为 80000 元，专项附加扣除合计为 63000 元，若发年终奖 40000 元，他有两种选择：年终奖单独计算和并入综合所得纳税。单独纳税的：40000×10%–210=3790（元）；并入综合所得纳税的：40000+80000–123000=–3000（元），不用纳税。同样的数据，我们假设某人的年终奖金增长到 100000 元，纳税人同样有两种选择：单独纳税的，80000 元不用纳税：100000×10%-210=9790（元）；并入综合所得纳税的：100000+80000-123000=57000（元），57000×10%-2520=3180（元）。

当然，该纳税人如果做个税收筹划，如将 100000 元拆开，21000 元作为年终奖金单独核算，21000×3%=630（元），79000 并入综合所得计税，80000+79000-123000=36000（元），36000×3%=1080（元），合计纳税为：1080+630=1710（元），比第一种情况节税 8080 元，比第二种情况节税 1470 元。

但此种筹划只能适用于 2022 年之前，自 2022 年始，年终奖将一并并入综合所得按年征收。

正常情况下，税后的所得额会随着所得数额的增加而增加，但由于全年一次性奖金的使用税率和速算扣除数是通过全年一次性奖金除以 12 个月之后的商数来确定的，计算税额时速算扣除数仅允许扣除一次，所以就会出现当全年一次性奖金超过某个临界点之后，使用的税率提高一个档次，导致奖金额增加之后税后所得反而减少的情况，这即全年一次性奖金的"税收盲区"。对全年一次性奖金进行筹划，就要避免使得奖金金额处于税收盲区之中，即要使奖金的增加额大于增加之后多缴纳的所得税额。因此除了要考虑单纯年终奖的税收筹划之外，也要考虑工资薪金和年终奖之间的合理分配。

表 7–5 工资和奖金个税筹划分配表

全年一次性奖金	税率	月工资	税率	预计年收入
0	0	（0，5000）	0	（0，60000）
（0，36000）	不纳税或 3%	（5000，9000）	3%	（60000，132000）
36000	3%	（9000，18000）	10%	（132000，240000）
36000	3%	（18000，19935）	20%	（240000，263100）
（36000，144000）	10%	（9000，18000）	10%	（263100，348000）
144000	10%	（18000，31000）	20%	（348000，504000）

续表

全年一次性奖金	税率	月工资	税率	预计年收入
144000	10%	（31000，41000）	25%	（504000，624000）
300000	20%	（31000，41000）	25%	（624000，780000）
300000	20%	（41000，610000）	30%	（780000，1020000）

如表 7–5 所示，假设纳税人不存在各种专项附加扣除的情况下，只存在 5000 元基本费用扣除，则在不同的年终奖区间和工资薪金区间需要有一个平衡状态，从而达到税负最小化。

某股份公司总经理税前收入 24 万元（不含三险一金），如何将此收入在工资薪金和年终奖之间分配才能使得个人所得税支出最小化？

解析：设月工资为 X，月应纳税所得额为 X–5000，确定年终奖税率需参考值为［（240000–12X）/12=20000–X］，年终奖应纳税所得额为（240000–12X）

情况一：X–5000 ≤ 3000，则 20000–X ≥ 12000，工资税率为 3%，年终奖税率为 20%（20000–X=12000 时，税率为 10%）

应纳税额为：（X–5000）× 3% × 12+（240000–12X）× 20%–1410 =44790–2.04X

最低税额出现在，当 X=8000 时，即 20000–X=12000，年终奖税率为 10%

最低税额为：（8000–5000）× 3% × 12+（240000–12 × 8000）× 10%–210= 16920（元）

情况二：3000 ＜ X–5000 ≤ 12000，则 5000 ≤ 20000–X ＜ 12000，工资税率为 10%，年终奖税率为 10%

应纳税额为：［（X–5000）× 10%–210］× 12+（240000–12X）× 10%–210=15270（元）

与月工资 X 无关

情况三： $12000 < X-5000 \le 25000$（$17000 < X-5000 \le 30000$），则 $0 \le 20000-X < 3000$，工资税率为20%，年终奖税率为3%

应纳税额为：[（X–5000）×20%–1410]×12+（240000–12X）×3%=2.04X–21720（元）

月工资X取该区间最小值17000，应纳税额最低为：2.04×17000–21720=12960（元）

因此，月工资应为17000元，纳税额为12960元。

7.6.5 专项附加扣除费用

根据新《个人所得税法》的规定，我国个人在进行年总汇算清缴时，不仅可以拥有基本的减除费用，还可以拥有专项附加扣除，对于税收筹划无外乎通过减少收入和增加费用扣除进行操作。新《个人所得税法》规定的六大专项附加扣除有房屋租金、住房贷款利息、子女教育、继续教育、大病医疗保险和赡养老人，纳税人可以据此根据自身家庭状况选择自身专项扣除还是分摊扣除。

赵先生夫妻育有两个孩子，且都已上大学，还未毕业。赵先生妻子每月工资为5000元，赵先生每月工资为7000元，赵先生在新个人所得税申报中选择夫妻二人平均分摊两个孩子子女教育的专项附加扣除。此时赵先生妻子因收入未超过5000元，无须缴税，但赵先生扣除基本减除费用5000元和专项附加扣除1000元后，仍要对其剩下的1000元缴纳个人所得税。

筹划方法：将两个孩子的子女教育专项附加扣除在申报时全部由赵先生申报扣除。采用此种方法，赵先生的妻子本身工资、薪金所得不超过5000元，无须再进行专项附加扣除，赵先生专项附加扣除2000元，这样一来，赵先生扣除基本减除费用之后，再扣除

2000 元子女教育支出，其个人所得税应纳税所得额为 0，无须缴纳个人所得税。

赵先生刚刚工作没几年，家里父母已经退休，且都年满 60 周岁，赵先生还有一个姐姐，因赵先生姐姐早年做全职太太没有工作，近两年才开始工作，故而赵先生姐姐每月 5000 元薪水，赵先生每个月 7000 元工资，赵先生在新个税申报中选择姐弟二人平均分摊赡养老人的专项附加扣除。

此时赵先生姐姐因收入未超过 5000 元，无须缴税，但赵先生扣除基本减除费用 5000 元和专项附加扣除 1000 元后，仍要对其剩下的 1000 元征收个人所得税。

筹划方法：将赡养老人的专项附加扣除在申报时全部由赵先生进行申报扣除，采用此种方法，赵先生的姐姐本身工资、薪金所得不超过 5000 元无须再进行专项附加扣除，赵先生专项附加扣除 2000 元，这样一来赵先生扣除基本减除费用之后，再扣除 2000 元赡养老人的专项扣除，则赵先生的个人所得税应纳税所得额为 0，则赵先生也无须缴纳个人所得税了。

7.7　经营所得的筹划

7.7.1　身份认定筹划

想要从身份认定上进行税收筹划，首先我们要了解个人独资企业、一人有限责任公司和合伙制企业的含义，以及它们之间的区别。个体工商户，合伙制企业，个独资企业均采用 5%—35% 的五级超额累进税率，但在费用扣除方面有所不同。

个人独资企业也称为个人业主制企业、个人企业，是指由个人出资兴办，完全归个人所有和控制的企业组织形式。这种企业在法律上是自然人企业，不具有法人资格。个人独资企业是最早产生的，也是最简单的企业组织形式，流行于小规模生产时期，但即使在现代经济社会中，这种企业在数量上也占多数。如在美国，个人独资企业就占企业总数的 70% 以上。这类企业往往规模较小，在小型加工、零售商业、服务业等领域较为活跃。根据我国《个人独资企业法》的规定，在中国境内设立，由一个自然人投资，财产为投资人个人所有，投资人以其个人财产对企业债务承担无限责任的经营实体为个人独资企业。

公司制企业属于法人企业，包括有限责任公司和股份有限公司，出资者以出资额为限承担有限责任。有限责任公司大多属于未上市的企业，不能在证券市场上自由买卖股票，只能对股权进行交易，而股份有限公司则大多是上市企业，可以自由地在二级市场买卖股票。个体工商户应纳税所得额的计算，以权责发生制为原则。属于当期的收入和费用，不论款项是否收付，均作为当期的收入和费用；不属于当期的收入和费用，即使款项已经在当期收付，均不作为当期收入和费用。

根据国家税务总局令第 35 号文（2018 年修正）第七条，个体工商户的生产、经营所得，以每一纳税年度的收入总额，减除成本、费用、税金、损失、其他支出以及允许弥补的以前年度亏损后的余额，为应纳税所得额。

个体工商户生产经营活动中，应当分别核算生产经营费用和个人、家庭费用。对于生产经营与个人、家庭生活混用难以分清的费用，其 40% 视为与生产经营有关费用，准予扣除。

个人独资企业和合伙企业在费用扣除时，根据《财政部　国家税务总局关于印发〈关于个人独资企业和合伙企业投资者征收个人所得税的规定〉的通知》（财税〔2000〕91 号）第六条第（三）项规定，投资者及其家庭发生的生活费用不允许在税前扣除。投资者及其家庭发生的生活费用与企业生产经营费用混合在一起，并且难以划分的，全部视为投资者个人及其家庭发生的生活费用，不允许在税前扣除。因此，个人独资企业应将投资者及其家庭发生的生活费用和企业生产经营费用严格划分，否则便不能在个人所得税前扣除。可以通过这种费用扣除标准来选择和进行筹划。

除此之外，个体工商户、合伙制企业以及个人独资企业都适用5%—35%的五级超额累进税率征收个人所得税，而有限责任公司则需要缴纳企业所得税并且在分配股东利润时再缴纳一次个人所得税。

从递延纳税的角度来看，有限责任公司优于以上几种企业。对于个人独资企业和合伙制企业而言，作为应纳税所得额计算基础的生产经营所得，包括企业分配给投资者个人的所得和企业当年留存的所得（利润）。因此，个人独资企业不具有对留存收益递延纳税的功能。而有限责任公司，只有在公司分红时才会产生个人所得税的纳税义务，具有递延纳税的功能，可以抵扣后续年度的经营亏损。而在所得税方面，目前我国小型微利企业生产经营所得限额已经提高到500万元，一般个人及家庭生产经营不会超过这个限额，如果有限责任公司能够申请小型微利企业优惠，则可以免去企业所得税负担。

小张、小李、小王、小陈四人是从小玩到大的好友，因爱好计算机，4人大学毕业后欲成立一家计算机维修兼销售的小店，暂时无纳税调整项目，预估每年利润总额为1000000元。

从小张等四人的角度来看，在不影响企业商场正常经营的情况下，将企业的组织形式从股份有限公司、有限责任公司转化为个人独资企业和合伙制企业，可以规避企业所得税，虽然个人所得税相比较于交过企业所得税后缴纳的个人所得税多了，但是总体税负却下降很多，只是成为合伙制企业不会像股份制公司那样融资十分方便。

若选择成立有限责任公司并且税后利润全部分配给股东，所获利润既要缴纳企业所得税又要缴纳个人所得税。

应该缴纳的企业所得税为：1000000×25%=250000（元）

四位股东缴纳的个人所得税总额为：（1000000–250000）/4×20%×4=150000（元）

总共缴纳税额为：250000+150000=400000（元）

若选择成立合伙制企业，则四位股东只需要缴纳个人所得税即可。

缴纳个人所得税总额为（1000000/4×20%–10500）×4=158000（元）

相比较于上面成立有限责任公司，四位股东有效避税400000–158000=242000（元）

值得注意的是，目前我国小型微利企业销售额标准为500万元，若该企业能够得到国家小型微利企业的认定，那么应该是建立有限责任公司的税负较轻，而且建立公司还能有递延纳税的效果。

7.7.2 征收方式筹划

查账征收和核定征收是计算个体工商户应纳税额的两种方法。

个体工商户的生产经营应纳税额的计算公式为：

应纳税额＝应纳税所得额 × 适用税率 – 速算扣除数

＝（全年收入总额 – 成本费用以及损失）× 适用税率 – 速算扣除数

个体工商户应纳税所得额的计算，以权责发生制为原则。

而对于合伙制企业以及独资企业则分为查账征收和核定征收。

第一种：查账征收

《个人所得税法实施条例》所称成本、费用，是指生产、经营活动中发生的各项直接支出和分配计入成本的间接费用以及销售费用、管理费用、财务费用；所称损失，是指生产、经营活动中发生的固定资产和存货的盘亏、毁损、报废损失，转让财产损失，坏账损失，自然灾害等不可抗力因素造成的损失以及其他损失。

取得经营所得的个人，没有综合所得的，计算其每一纳税年度的应纳税所得额时，应当减除费用6万元、专项扣除、专项附加扣除以及依法确定的其他扣除。专项附加扣除在办理汇算清缴时减除。从事生产、经营活动，未提供完整、准确的纳税资料，不能正确计算应纳税所得额的，由主管税务机关核定应纳税所得额或者应纳税额。凡实行查账征税办法的，生产经营所得比照国家税务总局令第35号国家税务总局个体工商户个人所得税计税办法的规定确定。

第二种：核定征收

核定征收包括定额征收，核定应税所得率征收以及其他合理的征收方式，实行核定征收的投资者不享受个人所得税优惠政策。

基于核定征收方式与查账征收方式的不同，同一笔经营所得所缴纳的税款也不同，由此产生了筹划空间。

一般情况下，如果个体工商户每年的利润较高且稳定，采用核定征收的方式比较好；如果利润不稳定，或者是盈利能力较差或处于亏损状态，则采用查账征收方式比较好，并且，如果纳税人实行核定征收的，不得享受个人所得税优惠政策。

小李大学毕业后自主创业开了一家奶茶店，预计一年的销售额大概在40万元，小李因为是大学生，认为自己需要建立会计账簿，采用查账征收，经查实，小李经营发生的可合理扣除的费用为20万元，此时小李需要交纳个人所得税为：（400000–200000）×20%–10500=29500（元）。但若小李建立的会计账簿不能如实反映自身经营情况，税务局采用核定征收，小李应缴纳个人所得税为：400000×3%=12000（元），相比较查账征收的29500元节省了17500元！

现实生活中若店面较小，销售额的确也存在一定困难，税务局有时会采取定额征收，即每月缴纳固定的税收即可完成纳税义务，若采用此种方法，则节税更加明显。

7.7.3　多支费用，减少收入

针对通过查账征收方式缴纳个人所得税的纳税人，主要通过收入和成本费用进行筹划。

1. 分散收入形式

个体工商户通过分散收入，可以适用较低的税率，从而达到合法避税的目的。常用的方法主要有：（1）区分收入的性质，不同性质的收入采用不同的税目；（2）合理变更投资人数，分散收入总额。

王某是一个个体工商户，因自家空闲一处商业店铺，便经营了一家服装店。但是由于地点不佳及经营不善，客流量较少，打算缩小经营规模，出租空闲的几处房间。王某以服装店的名义打出出租广告，假如王某服装店年应纳税所得额为 90000 元，房屋出租每年取得的净收益为 6000 元。

若王某以服装店的名义出租空闲房屋，则王某应缴纳个人所得税为：

（90000+6000）×20%-10500=8700（元）

假如王某以其妻子的身份出租空闲房屋，不以服装店的身份出租，则出租房屋的收入不算在服装店的收入范围内，则王某总共应缴纳的个人所得税为：

服装店缴纳的个人所得税：90000×10%-1500=7500（元）

王某妻子缴纳的个人所得税：6000×（1-20%）×20%=960（元）

总共缴纳个人所得税 8460 元，相较于第一种方法合理节税 240 元。当然重点是能否降低应纳税所得额的税率层次。

2. 分期销售

查账征收的个体工商户缴纳个人所得税，采用的是按月预缴、年终汇算清缴的征管方式。由于个体工商户个人所得税的税率采用的是超额累进税率，如果个体工商户某纳税年度的应纳税所得额过高，就必须按照较高的税率来征收个人所得税，所以个体工商户可以在法律允许的范围内，通过采用递延收入的方式来实现合理的避税，其中最常用的方法就是分期销售。

小陈 2019 年在一处街区开了一家家常菜馆，由于这个街区只有小陈一家菜馆，所以生意十分火爆，小陈当年取得应纳税所得额为 95000 元，这其中包含了年末预定春节酒席收到的支付款 20000 元。由于周围街坊看小陈如此赚钱，2020 年纷纷开设各种饭馆，预估小陈 2020 年的应纳税所得额应该在 40000 元左右，请大家为小陈算下何种方式最能帮小陈省钱?

若按小陈自己计划，则小陈预估缴纳个人所得税为:

2019 年缴纳个人所得税为: 95000 × 20%–10500=8500（元）

2020 年缴纳个人所得税为: 40000 × 10%–1500=2500（元）

个体工商户第二税率层级的限额为 90000 元，如果我们把当年 20000 元预定款，放到年后去收，并入后一年应纳税所得额，则可以使 2019 年的应纳税所得额适用的税率降低一个层次，并且晚支付款项，对于顾客来说总是乐意的。

则此种方法小陈应缴纳的个人所得税为:

2019 年缴纳的个人所得税为: 75000 × 10%–1500=6000（元）

2020 年缴纳的个人所得税为: 60000 × 10%–1500=4500（元）

由此方法小陈所缴的个人所得税相较于小陈自己的方法少了 500 元，帮助小陈在合理合法的范围内减少了税收支出。

3. 合理增加费用扣除

合理扩大成本费用类的支出，是个体工商户减少应纳税所得额的常用手段，值得注意的是，要合法合理，依据法律法规避税。

增加费用通常包括以下两种方法:（1）在法律的允许范围内，将一些家庭支出转换成费用支出。因为对于很多家庭而言，其生产经营的场所往往就是其居住场所，很多家庭的日常开支与生产经营都分不开，故而可以将譬如电话费、水费、电费等支出计入个体工商户生产经营成本中。如果是自家房产经营，还可以通过对自家房产进行修缮、维修等增加成本费用，实现自家房产的保值、增值。不过这种方法只限于个体工商户，对于独资企业和合伙制企业，根据规定，家庭开支与生产经营开支难以区分的，不得在税前扣除，即不能增加成本费用；而个体工商户对于不能区分开来的可以按 40% 计入成本费用。（2）雇用家庭成员或者临时工，以扩大工资等费用支出。雇用家庭成员和临时工具有很大的灵活性，既能增加个人家庭收入，又能扩大相关人员的费用支出，增加税前列支费用，从而降低应纳税所得额，少缴个人所得税。

4. 单位承包经营形式筹划

企事业单位承包经营、承租经营所得是指个人承包经营、承租经营以及转包、转租取得的所得，包括个人按月或者按次取得的工资、薪金性质的所得。有关企事业单位承包经营、承租经营所得的规定如下：

（1）个人对企事业单位承包、承租经营后，工商登记改变为个体工商户的。这类承包、承租经营所得，实际上属于个体工商户的生产、经营所得，应按个体工商户的生产、经营所得项目征收个人所得税，不再征收企业所得税。

（2）个人对企事业单位承包、承租经营后，工商登记仍为企业的，不论其分配方式如何，均应先按照《企业所得税》的有关规定缴纳企业所得税，然后根据承包、承租经营者按合同（协议）规定取得的所得，依照《个人所得税法》的有关规定缴纳个人所得税。具体包括以下两种情况：

①承包、承租人对企业经营成果不拥有所有权，仅按合同（协议）规定取得一定所得的，应按工资、薪金所得项目征收个人所得税。

②承包、承租按合同（协议）规定只向发包方、出租方缴纳一定的费用，缴纳承包、承租费后的企业的经营成果归承包、承租人所有的，其取得的所得，按对企事业单位承包、承租经营所得项目征收个人所得税。

（3）企事业单位的承包经营、承租经营所得应纳税额的计算公式为：

应纳税额 = 应纳税所得额 × 适用税率 − 速算扣除数

= （纳税年度收入总额 − 必要费用）× 适用税率 − 速算扣除数

纳税年度收入总额，是指纳税义务人按照承包经营、承租经营合同规定分得的经营利润和工资、薪金性质的所得；必要费用，是指按月减除的

5000 元。

基于经营的方式不同，对企事业单位承包经营、承租经营所得的税务处理也不同，其纳税筹划方法主要是选择合理的经营方式。在实际生活当中，往往选择经营成果归承包、承租人所有的情况下，其取得的所得额往往是高于不拥有经营成果的所得额。

李某是一位个体工商户，经营一家旅店，2019 年李某因家中原因，不得不将旅店对外承包。张某有意向承包该企业，并且与李某已经谈好，预计当年旅馆营业利润为 20 万元，假设没有特别的纳税调整项目，张某打算付给李某 8 万元承包费，经营成果由张某所有。李某表示，张某也可以不拥有旅店的经营成果，以每月 1 万元的收入承包经营。

按照张某的规划，拥有旅店经营成果，企业假如注册为个体工商户，张某应缴纳的个人所得税为：（200000–80000–5000×12）×10%–1500=4500（元）。

若张某以工资薪金获得年 12 万元收入，不拥有此旅店的经营成果，即实际为张某为李某工作，则张某一年所交的个人所得税为：［（10000–5000）×10%–210］×12=290×12=3480（元）

相比较之下，明显可以看出哪种方案更有利于纳税人，第二种方案比张某打算的方案合理节税 4500–3480=1020（元）。另外，张某若承包经营李某的旅店，将承包期限合理性扩大，即如果张某原先的承包期为 12 个月，可以通过与李某协商，将承包期延长至 24 个月，但经营不变，则张某可以扣除的费用更多，自然缴纳的个人所得税也就更少了。

7.8 劳务报酬所得的筹划

7.8.1 合理分配劳务次数与人数

根据新《个人所得税法》规定，劳务报酬所得是指独立性劳务所得、非雇佣关系所得。个人从事劳务取得的所得，包括从事设计、装潢、安装、制图、化验、测试、医疗、法律、会计、咨询、讲学、翻译、审稿、书画、雕刻、影视、录音、录像、演出、表演、广告、展览、技术服务、介绍服务、经纪服务、代办服务以及其他劳务取得的所得。

税法所说的每次，按照以下方法确定：

（1）劳务报酬所得，属于一次性收入的，以取得该项收入为一次；属于同一项目连续性收入的，以一个月内取得的收入为一次。

（2）稿酬所得，以每次出版、发表取得的收入为一次。

（3）特许权使用费所得，以一项特许权的一次许可使用所取得的收入为一次。

（4）财产租赁所得，以一个月内取得的收入为一次。

（5）利息、股息、红利所得，以支付利息、股息、红利时取得的收入为一次。

（6）偶然所得，以每次取得该项收入为一次。

表 7–6 劳务报酬预征预扣税率表

每次应纳税所得额（含税级距）	每次应纳税所得额（不含税级距）	税率	速算扣除数
不超过 20000 元的	21000 元以下的部分	20%	0
超过 20000 元至 50000 元的部分	超过 21000 元至 49500 元的部分	30%	2000
超过 50000 元的部分	超过 49500 元的部分	40%	7000

表 7–6 为针对《个人所得税法》下的劳务报酬的征税税率，现在作为新个人所得税的个人劳务报酬所得预扣税率，待年终汇算清缴，再并入综合所得，汇算清缴，综合计算个人所得税，多退少补。费用扣除标准依旧采用超过 4000

元扣除 20% 的费用，不超过 4000 元，扣除 800 元。

筹划思路：劳务报酬所得 2019 年正式和工资、薪金、特许权使用费所得，稿酬所得一并并入综合所得，按照七级累进税率征收个人所得税。这种情况下，可以通过分次甚至分人数来分拆应税所得，使其尽量靠近税前扣除额或税率级次较低的范围，以达到避税的目的。

张先生通过为某企业设计广告，其妻子在其设计期间参与讨论并提出建议，事后企业支付给张先生劳务报酬 6000 元。

若劳务报酬全部为张先生所得，则张先生应预交个人所得税：6000×（1–20%）×20%=960（元）。

若通过事先与企业协商，表示广告设计劳务是张先生与公司两次合作完成，在合同中表明此劳务报酬为张先生两次劳务所得，则应预缴个人所得税：（3000–800）×20%×2=880（元）。

相较于前者，张先生少交了 80 元个人所得税，此种方法在年终汇算清缴时，张先生无法达到少缴纳个人所得税的结果，但可以通过尽量少的预缴来获取报酬的时间价值，若是想要节省缴纳的个人所得税，可以通过将劳务报酬等拆分成跨年合同，这样会降低本年综合所得，以防止税率攀升。

陈女士是位业余作家，主业为公务员。因为陈女士爱好写作，所以会在当地报刊上发表一些自己写的文章和小说。近日，陈女生收到一笔之前的稿酬 5000 元，陈女士的丈夫在陈女生写作之时提供了一些构思和想法。

若稿酬仅为陈女士一人所得，则陈女士就此稿酬应预缴个人所得税：

5000×（1–20%）×20%×（1–30%）=560（元）

筹划方法：

若陈女士声明小说由她与她丈夫共同创作，稿酬平均分为两份，则陈女士应预缴个人所得税：（2500-800）×20%×（1-30%）×2=476（元）

此筹划方法相较于第一种少交84元，不过值得注意的是，可以将劳务报酬所得和稿酬所得多分为几份，使其单个薪酬低于4000元。如此不仅可以降低综合征收的整体应纳税所得额，也可以通过尽量少的个人所得税预缴达到获取剩余报酬的货币时间价值。

7.8.2 合理转移报酬额

个人获得劳务报酬和稿酬所得只能在一定限额内扣除费用，税率是累进的，应纳税所得额越大，应纳税额就越大。如果在现有的扣除标准下，多扣除一些费用就可以减少个人的所得税额，故将一些合理的费用支出添加到合同其他项目之中，从而降低名义劳务报酬额，能够产生良好的避税效果。

王先生利用业余时间经常做些画作，A公司请王先生为其公司画幅画作，劳务报酬为5000元，王先生因耗费大量水彩，故而之后花费1500元去补充材料，此案例中王先生应预交个人所得税为：5000×（1-20%）×20%=800（元）。

若王先生与A公司商定，在合同中约定材料费由A公司负担，收入设定为3500元，则王先生应预缴个人所得税为：（3500-800）×20%=540（元）。

此方法为王先生节税260元。而且降低了本年王先生的综合所得的应纳税总额。当然前提是王先生需要与公司充分沟通协商。

张先生是位业余作家，主业为大学教授，业余空闲时间偶尔写写小说赚点外快，张先生在某家报社取得稿费收入10000元，自己在创作过程中产生杂费2000元，则张先生此笔收入应预缴个人所得税10000×20%×（1–30%）×（1–20%）=1120（元）。

筹划方法：若张先生事先与公司沟通好将杂费算进收入内，并在合同中标明，报社负责张先生创作杂费，合同支付张先生8000元稿费，则张先生此时应缴纳个人所得税：8000×（1–20%）×20%×（1–30%）=896（元）

相比之下，比之前少缴纳个人所得税1120–896=224（元）。

7.8.3　变换收入形式

根据新《个人所得税法》的规定，劳务报酬与其他三项收入项目并入综合所得合并征税，但对于财产租赁、财产转让以及经营所得并未合并统一征税，依旧采用分类征收个人所得税，故而产生的筹划空间则是将劳务报酬转化为综合所得以外的收入项目，如可将劳务报酬转化成经营所得。

筹划思路：根据新《个人所得税法》规定，综合所得采用七级超额累进税率，最高税率为45%，而经营所得采用五级超额累进税率，最高边际税率为35%，因此此种筹划方法相对来说有利于一些高劳务报酬人群。可注册一个工作室，将自己的劳务报酬以工作室的名义签订合同，这样一来，就可以将劳务报酬合理地转化为经营所得，有效降低综合所得的应纳税所得额和适用的税率，从而达到合法节税的目的。

刘先生在一家企业工作，一年的收入为20万元。因为刘先生本科学习的是计算机相关专业，所以在业余时间承接一些修理电脑、组装软件等业务。今年年底刘先生因工作原因，只接了一个组装软件的业务，收取劳务报酬3万元。假设刘先生今年未发生其他相关个人所得，请问怎样筹划才能使刘先生收入最大化？

若刘先生照常征税，根据我国新《个人所得税法》规定，劳务报酬在年底汇算清缴时并入综合所得与工资、薪金一并计税，应缴纳个人所得税为：（200000+30000−5000×12）×20%−16920=17080（元）。

筹划方案：若刘先生以自己的名义开设一个工作室，将自身的劳务报酬收入以工作室名义与对方签订合同，则此部分收入应按照经营所得计税，无须与工资、薪金所得合并计税，这样一来，刘先生工资、薪金需要缴纳的个人所得税为：

（200000−5000×12）×10%−2520=11480（元）

刘先生经营所得需要交纳的个人所得税为：30000×5%=1500（元）

刘先生总计缴纳个人所得税：1500+11480=12980（元），相较于之前少缴纳个人所得税4100元。

7.9 稿酬所得的筹划

7.9.1 税收筹划依据

根据《个人所得税法实施条例》第六条第一款第（三）项规定，稿酬所得，是指个人因其作品以图书、报刊等形式出版、发表而取得的所得。

这里所说的“作品”，是指包括中外文字、图片、乐谱等在内的能以图书、报刊方式出版、发表的作品；“个人作品”，包括本人的著作、翻译的作品等。个人取得遗作稿酬，应按稿酬所得项目计税。

根据《个人所得税法实施条例》第十四条第（一）项规定，劳务报酬所得、稿酬所得、特许权使用费所得，属于一次性收入的，以取得该项收入为一次；属于同一项目连续性收入的，以一个月内取得的收入为一次。

每次取得的收入按如下规定确定：

（1）个人每次以图书、报刊方式出版，发表同一作品（文字作品、书画作品、摄影作品以及其他作品），不论出版单位是预付还是分笔支付稿酬，或者加印该作品后再付稿酬，均应合并其稿酬所得按一次计征个人所得税。在两处或两处以上出版，发表或再版（改版）同一作品而取得稿酬所得，则可分别各处取得的所得或再版（改版）所得按分次（两处或两处以上）所得计征个人所得税。

（2）个人的同一作品在报刊上连载，应合并其因连载而取得的所有稿酬所得为一次，按税法规定计征个人所得税。在其连载之后又出书取得稿酬所得，或先出书后连载取得稿酬所得的，应视同再版稿酬分次计征个人所得税。

（3）作者去世后，对取得其遗作稿酬的个人，按稿酬所得征收个人所得税。

7.9.2　税收筹划思路

稿酬适用的预征税率是在 20% 的基础之上再减 30%，即 14%。这种情况下可以通过分次甚至是增加人数来分拆应税所得，使其尽量靠近税前扣除额或税率级次较低的范围，以达到避税的目的。

张先生与其他三位老师共同完成一部作品，稿酬为 8000 元。对于稿酬收入实行按次征税，其应纳税所得额的计算为：一次收入低于 4000 元的，减除 800 元；一次收入高于 4000 元的，减除其收入的 20%。稿酬所得在使用 20% 的比例税率后减征 30%。

先纳税后拆分。这笔稿酬其应纳个人所得税：总收入 ×（1–20%）×20%×（1–30%）=8000×（1–20%）×20%×70%=896（元）。

拆分后分别纳税，每人收入为 2000 元，四人合计应纳税额为：（2000–800）× 20%×70%×4=672（元）。

相比较可知，方案二可节税 896–672=224（元）。

7.10 特许权使用费的筹划

7.10.1 税收筹划依据

根据新《个人所得税法实施条例》第六条第一款第（四）项规定：特许权使用费所得，是指个人提供专利权、商标权、著作权、非专利技术以及其他特许权的使用权取得的所得；提供著作权的使用权取得的所得，不包括稿酬所得。

个人转让特许权使用费或者使用特许权使用费，属于营改增之后的转让无形资产，既要缴纳增值税，也要缴纳个人所得税，有关规定如下：

若以特许权使用费直接转让，则按照最新个人所得税中按综合所得缴纳个人所得税，适用预征税率为20%，年终进行汇算清缴，若以特许权使用费投资，根据财税〔2015〕41号文，个人非货币性资产投资有关个人所得税政策如下：

（1）个人以非货币性资产投资，属于个人转让非货币性资产和投资同时发生。对个人转让非货币性资产的所得，应按照“财产转让所得”项目，依法计算缴纳个人所得税。

（2）个人以非货币性资产投资，应按评估后的公允价值确认非货币性资产转让收入。货币性资产转让收入减除该资产原值及合理税费后的余额为应纳税所得额。个人以非货币性资产投资，应于非货币性资产转让、取得被投资企业股权时，确认非货币性资产转让收入的实现。

（3）个人应在发生上述应税行为的次月15日内向主管税务机关申报纳税。

纳税人一次性缴税有困难的，可合理确定分期缴纳计划并报主管税务机关备案后，自发生上述应税行为之日起不超过5个公历年度内（含）分期缴纳个人所得税。

（4）个人以非货币性资产投资交易过程中取得现金补价的，现金部分应优先用于缴税；现金不足以缴纳的部分，可分期缴纳。

个人在分期缴税期间转让其持有的上述全部或部分股权，并取得现金收入的，该现金收入应优先用于缴纳尚未缴清的税款。

非货币性资产，是指现金、银行存款等货币性资产以外的资产，包括股权、不动产、技术发明成果以及其他形式的非货币性资产。

非货币性资产投资，包括以非货币性资产出资设立新的企业，以及以非货币性资产出资参与企业增资扩股、定向增发股票、股权置换、重组改制等投资行为。

根据我国财税〔2014〕116号文，规定个人以非货币性资产投资5年以上享受税收递延纳税政策。

7.10.2　税收筹划思路

纳税人可以根据自身意愿进行选择是否将特许权使用费选择投资入股还是通过直接转让财产，如果数额较小，则比较建议直接转让，若数额十分巨大，个人建议可以选择投资入股以获得递延纳税的优惠，毕竟货币的时间价值也很重要。

某科研人员发明了一种新技术，该技术获得了国家专利，专利权属个人拥有。如果单纯将其转让，可获转让含税收入84.8万元；如果将该专利折合股份投资，让其拥有相同价款的股权，当年可获取股息收入8.48万元，假定不考虑货币时间价值以及股权转让所得，试问该科研人员应采取哪种方式？

（1）将专利单纯转让

首先，按照增值税的有关法规规定，转让专利权属转让无形资产，应缴纳增值税，税率为6%，应纳增值税额为：80×6% =4.8（万元），且个人无进项抵扣，因此，缴纳增值税后，该人实际所得为：

84.8/（1+6%）=80（万元）。

依增值税应征收城建税和教育费附加，但因其数额小，在此忽略不计。

其次，根据《个人所得税法》的有关规定，转让专利使用权属特许权使用费收入，应缴纳个人所得税。

特许权使用费收入以个人每次取得的收入，定额或定率减除规定费用后的余额为应纳税所得额。因为该人一次收入已超过4000元，应减除20%的费用，所以应纳个人所得税为：80×（1–20%）×20% =12.8（万元）

缴纳个人所得税的实际所得为：80–12.8=67.2（万元）

将两税合计，该人缴纳了17.6万元（4.8+12.8）的税，实际所得为67.2万元。

（2）将专利折合成股份，拥有股权

首先，按照增值税有关规定，以无形资产投资入股，参与接受投资方的利润分配，共同承担投资风险的行为，不征收增值税。

由于科研人员将专利折合成股份投资，且拥有公司股权，该股权所实现的收益是不确定的，存在风险，属于无形资产投资入股，暂免缴纳增值税，因此该科研人员不用负担4万元的增值税。

其次，根据《个人所得税法》规定，拥有股权所取得的股息、红利，应按20%的比例税率缴纳个人所得税。

那么，当年应纳个人所得税：8.48×20% =1.696（万元）

税后所得为：8.48–1.696=6.784（万元）

通过专利投资，当年仅需负担1.696万元的税款。如果每年都可获取税后股息收入6.784万元，那么经营10年，就可以收回按照方案（1）取得的税后收入，且还可得到84.8万元的股份。

7.11 利息、股息、红利所得的筹划

7.11.1 投资相关免税项目

1. 税收筹划依据

根据新《个人所得税法》第四条规定，对个人投资于国债、国家发行的金融债券取得的利息免征个人所得税。

根据《财政部 国家税务总局关于储蓄存款利息所得有关个人所得税政策的通知》（2008 年 10 月 9 日财税〔2008〕132 号），规定储蓄存款在 2008 年 10 月 9 日后（含 10 月 9 日）孳生的利息所得，暂免征收个人所得税。

2. 税收筹划思路

对于求稳型自然人纳税人将资金存入银行、购买国债均不用承担个人所得税，并且国债利率高于一般储蓄，甚至和某些投资理财产品收益相当，因此在进行家庭理财规划时，国债不失为一个好选择。

7.11.2 利用持有时限优惠

1. 税收筹划依据

根据《财政部 国家税务总局 证监会关于上市公司股息红利差别化个人所得税政策有关问题的通知》（财税〔2015〕101 号）规定，自 2015 年 9 月 8 日起，个人从公开发行和转让市场取得的上市公司股票，持股期限超过 1 年的，股息红利所得暂免征收个人所得税。

个人从公开发行和转让市场取得的上市公司股票，持股期限在 1 个月以内（含 1 个月）的，其股息红利所得全额计入应纳税所得额；持股期限在 1 个月以上至 1 年（含 1 年）的，暂减按 50%计入应纳税所得额；上述所得统一适用 20%的税率计征个人所得税。

上市公司派发股息红利时，对个人持股 1 年以内（含 1 年）的，上市公司暂不扣缴个人所得税；待个人转让股票时，证券登记结算公司根据其持股期限计算应纳税额，由证券公司等股份托管机构从个人资金账户中扣收并划付证券登记结算公司，证券登记结算公司应于次月 5 个工作日内划付上市公司，上市公司在收到税款当月的法定申报期内向主管税务机关申报缴纳。

上市公司派发股息红利，股权登记日在 2015 年 9 月 8 日之后的，按照本通知规定执行。2015 年 9 月 8 日（含）之前个人投资者证券账户已持有的上市公司股票，其持股时间自取得之日起计算。

2. 税收筹划思路

国家此项政策旨在减少投机行为，规范股市交易，通过对持股期限超过 1 年的，股息红利所得暂免征收个人所得税，鼓励投资者进行长期投资。因此投资者应该尽量延长投资时间至 1 年以上，以减少个人所得税额。

7.11.3 理性选择投资利率

1. 税收筹划思路

虽然国债、国家发行的金融债券、储蓄存款利息等免征个人所得税，但是若投资对象的利率高到一定程度，其税收收入超过免税投资的收入，则应该选择前者，反之，即使债券利率高，税后收入低也不可取，切忌只看税额。

2. 税收筹划案例

小明有一笔闲置资金，共计 1000 万元整，准备购买债券，以求获得稳定的利息。现有两个方案：一是购买三年期国债，利率为 4.5%；二是购买 B 债券，B 债券为一家 A 股上市公司公开发行的债券，利率为 5.6%，也是三年期，到期还本付息，单利计算。

（1）购买国债

税后利息所得为：$1000 \times 4.5\% \times 3=135$（万元）

（2）购买 B 债券

税后利息所得为：1000 × 5.6% × 3 ×（1–20%）=134.4（万元）

购买国债收益高于购买公司债券，但是当公司债券利率 >4.5%/（1–20%）时，高利率带来的收益，即使征税后，也会高于投资于国债的收益，此时，就应该购买 B 债券了。

7.12　财产租赁的筹划

7.12.1　巧用税前扣除

1. 税收筹划依据

根据新《个人所得税法》相关规定，财产租赁所得适用比例税率，税率为百分之二十。财产租赁所得，每次收入不超过 4000 元的，减除费用 800 元；4000 元以上的，减除百分之二十的费用，其余额为应纳税所得额。

出租房屋财产取得财产租赁所得的，准予扣除的项目除了规定费用和有关税、费外，还包括能够提供有效、准确的凭证，证明由纳税人负担的该出租财产实际开支的修缮费用。允许扣除的修缮费用，以每次 800 元为限。一次扣除不完的，准予在下一次继续扣除，直到扣完为止。

财产租赁收入扣除费用范围和顺序包括：税费 + 租金（财产转租情况下才有）+ 修缮费 + 法定扣除标准。

①在出租财产的过程中缴纳的税金和教育费附加等税费要有完税（缴款）凭证；

②向出租方支付的租金；

③提供有效、准确的凭证，证明由纳税人负担的该出租财产实际开支的修缮费用（每月以 800 元为限，一次扣除不完的余额可无限期结转抵扣）；

④法定扣除标准为 800 元（减除上述后余额不超过 4000 元）或 20%（减除上述后余额 4000 元以上的）。

2. 税收筹划案例

小明将一辆汽车租给小红，每月初收取小红汽车租赁费，该车每年年初要花3600元进行维修（保养），每个月车的租金为4800元，有三种方案：

①每次（月）收入4500元，小红以自己名义每月给车检查维修

②每次（月）收入4800元，小明以自己名义每月给车检查维修

③每次（月）收入4500元，小红以自己名义每月给车检查维修

您会选择哪种方案？

解析：

按照方案①算出每个月的应纳税额以及收入如下表：

方案1	1月	2月	3月	4月	5月	6月	7月	8月	9月	10月	11月	12月	合计
应纳税额	720元	720元	720元	720元	720元	720元	720元	720元	720元	720元	720元	720元	8640元
税后收入	3780元	3780元	3780元	3780元	3780元	3780元	3780元	3780元	3780元	3780元	3780元	3780元	45360元

按照方案②算出每个月的应纳税额以及收入如下表：

方案2	1月	2月	3月	4月	5月	6月	7月	8月	9月	10月	11月	12月	合计
应纳税额	640元	640元	640元	640元	704元	768元	768元	768元	768元	768元	768元	768元	8640元
税后收入（扣除自己负担的修缮费用）	560元	4160元	4160元	4160元	4096元	4032元	4032元	4032元	4032元	4032元	4032元	4032元	45360元

按照方案算出每个月的应纳税额以及收入如下表：

方案3	1月	2月	3月	4月	5月	6月	7月	8月	9月	10月	11月	12月	合计
应纳税额	672元	672元	672元	672元	672元	672元	672元	672元	672元	672元	672元	672元	8064元
税后收入	3828元	3828元	3828元	3828元	3828元	3828元	3828元	3828元	3828元	3828元	3828元	3828元	45936元

从三个方案来看，小明全年的税后收入（如果小明自行负担修缮费，扣除）是一致的，运用方案②，虽然小明可以享受递延纳税的优惠，但是其在一开始要先垫付3600元的修缮费用，得不偿失，但是如果选用方案③，要求小红用小明名义进行维修，小明可以在方案①的基础上每个月进行300元的税前扣除，从而减轻税负，税后收入也增加了576元，而小红没有增加任何负担。

7.12.2　收入分期均摊

1. 税收筹划依据

财产租赁所得以每次应纳税所得额的规定税率计算应纳税额。《个人所得税法》规定财产租赁所得适用税率是20%，但财政部规定，从2001年1月1日起，个人住房租赁所得暂减按10%的税率征收个人所得税。

财产租赁所得按月或者按次计算个人所得税，“次”，是指一个月内所取得的收入为一次；对一次取得属于数月、数年的租金收入，也可以根据合同和实际所得所属月份分别计算（需要确认）。有扣缴义务人的，由扣缴义务人按月或者按次代扣代缴税款。在确定财产租赁所得的应纳税所得额时，纳税人在出租财产过程中缴纳的税金和教育费附加等，可持完税（缴款）凭证，从其财产租赁收入中扣除。

2. 税收筹划案例

小明出租一套两居室给赵红，租期3年，月租金2000元，按年预收，房屋装修由出租人负责。2019年1月，小明一次性收取年租金2.4万元，支付装修费1500元，缴纳个税及其附加税6000元，并将有关凭证交主管税务机关确认。

（1）一次性计算应纳税额。

如果严格按《个人所得税法》规定，以一个月内取得的收入为一次计算纳税，那么小明应纳个人所得税为：

应纳税额 =（24000–6000–800）×（1–20%）×10%=1376（元）

（2）按月份平均计算应纳税额。

如果取得的收入确属数月或数年，并能提供合同依据，就可以把一次性取得的租金收入按月份平均计算纳税：

每月租金 =24000÷12=2000（元）

每月税费 =6000÷12=500（元）

1 月应纳税额 =（2000–500– 修缮费用 800–800）×10%<0（元），无须纳税

2 月应纳税额 =（2000–500– 修缮费用 700–800）×10%=0（元），无须纳税

3—12 月每月应纳税额 =（2000–500–800）×10%=70（元）

全年应纳税额 =70×10=700（元）

通过税收筹划，小明可以少缴纳个人所得税 676 元（1376–700）。

7.13 股权转让的筹划

7.13.1 税收筹划依据

1. 个人收回转让的股权征收个人所得税的规定

根据《关于发布〈股权转让所得个人所得税管理办法（试行）〉的公务》（国家税务总局公告 2014 年第 67 号，以下简称 67 号文）的规定，个人转让股权的所得税按以下两种情况处理：

本办法所称股权转让是指个人将股权转让给其他个人或法人的行为，包括以下情形：

（1）出售股权；

（2）公司回购股权；

（3）发行人首次公开发行新股时，被投资企业股东将其持有的股份以公开

发行方式一并向投资者发售；

（4）股权被司法或行政机关强制过户；

（5）以股权对外投资或进行其他非货币性交易；

（6）以股权抵偿债务；

（7）其他股权转移行为。

2. 申报的股权转让收入一般不宜低于股权对应的净资产份额

67号文第十一条规定，符合下列情形之一的，主管税务机关可以核定股权转让收入：

（1）申报的股权转让收入明显偏低且无正当理由的；

（2）未按照规定期限办理纳税申报，经税务机关责令限期申报，逾期仍不申报的；

（3）转让方无法提供或拒不提供股权转让收入的有关资料；

（4）其他应核定股权转让收入的情形。

3. 净资产核定法是税务机关核定的主要方法

主管税务机关应依次按照下列方法核定股权转让收入：

（1）净资产核定法。

股权转让收入按照每股净资产或股权对应的净资产份额核定。被投资企业的土地使用权、房屋、房地产企业未销售房产、知识产权、探矿权、采矿权、股权等资产占企业总资产比例超过20%的，主管税务机关可参照纳税人提供的具有法定资质的中介机构出具的资产评估报告核定股权转让收入6个月内再次发生股权转让且被投资企业净资产未发生重大变化的，主管税务机关可参照上一次股权转让时被投资企业的资产评估报告核定此次股权转让收入。

（2）类比法。

参照相同或类似条件下同一企业同一股东或其他股东股权转让收入核定；

参照相同或类似条件下同类行业企业股权转让收入核定。

（3）其他合理方法。

主管税务机关采用以上方法核定股权转让收入存在困难的，可以采取其他合理方法核定。

7.13.2 税收筹划思路

1. 利用“正当理由”实现低价转让股权

根据 67 号文第十条规定，股权转让收入应当按照公平交易原则确定，同时，第十三条指出，符合下列条件之一的股权转让收入明显偏低，视为有正当理由：

（1）能出具有效文件，证明被投资企业因国家政策调整，生产经营受到重大影响，导致低价转让股权；

（2）继承或将股权转让给其能提供具有法律效力身份关系证明的配偶、父母、子女、祖父母、外祖父母、孙子女、外孙子女、兄弟姐妹以及对转让人承担直接抚养或者赡养义务的抚养人或者赡养人；

（3）相关法律、政府文件或企业章程规定，并有相关资料充分证明转让价格合理且真实的本企业员工持有的不能对外转让股权的内部转让；

（4）股权转让双方能够提供有效证据证明其合理性的其他合理情形。

可见，股权低价转让需要符合法定情形，从本质上讲，这一条与第十条“公平交易”并不矛盾，也是为了让交易价值更加符合实际，但是在实际税收征管中，在形式审查重于实质审查的情况下，利用上述政策，提供充分的证据材料，可以实现较低价格转让。比如，目前在国内外的大背景下，煤炭等能源企业运营困难，相关转让方可以借用上述第一条进行筹划；对于家族企业内部股份转让则可以通过第二条进行筹划；尤其值得关注的是第三条，具有很大的筹划空间，可以通过修改公司章程、相关协议进行“内部”低价转让；第四条则赋予了税务机关很大的自由裁量权，也为部分企业提供了一定的筹划空间。需要提醒的是，该筹划方法的运用依然面临实质课税被纳税调整的风险。

2. 恰当运用“核定”法

67 号文第十一条规定了核定股权转让收入的四种情形，并明确了核定的具体三种方法；对于转让股权原值，第十七条规定：“个人转让股权未提供完整、准确的股权原值凭证，不能正确计算股权原值的，由主管税务机关核定其股权原值。”但是，对于核定方法，没有给出具体的规定，实际上是把权限给了各地税务机关，从之前的各地实践来看，如陕西省税务机关会结合验资报告、银行询证函、银行存款日记账、实收资本（股本）账面记录、公司章程等进行审核对比以核定原值，海南省按申报的股权转让收入的一定比例（15%）核定计税成本。因此，对于部分近年来迅猛发展的行业而言（如电商行业、房地产业等），如果按照上述方式进行核定的成本大于实际成本，可以适用这一方法进行税收筹划，以降低应纳税所得额。然而，由于核定适用情形通常是在会计账册、相关计税凭证不完整的情形下，被转让股权公司面临相关会计制度、税收征管法处罚的风险。

3. 变更被转让公司注册地，争取税收优惠或补贴

为了招商引资，发展中西部地区的经济，国家及地方层面都出台了一系列的区域性税收优惠政策，多数经济开发区都出台了财政返还政策。按照现行《个人所得税法》规定，个人股权转让属于“转让财产”所得，应计征 20% 的个人所得税。各地出台的区域性的税收优惠政策或财政返还政策，实际上是降低了实际的税负率。2010 年以来，针对上市公司限售股减持，更是一度出现了所谓的“鹰潭模式”“林芝模式”等，一大批股权转让方实现了成功避税，涉及金额高达数十亿元。利用税收优惠或财政返还进行税收筹划的基本做法通常如下：第一步，将转让公司的注册地址变更到目标地区，相应地调整经营范围，以满足特定的政策要求，同时与当地政府签署相关书面协议；第二步，签署股权转让合同，并按规定进行相应的税务、工商变更，缴纳税款；第三步，根据地方出台的政策及双方协议返还部分税款给转让方。

但是，这种方法目前面临一定的法律风险，2014 年年底，国务院下发《关于清理规范税收等优惠政策的通知》（国发〔2014〕62 号），明确清理规范以下三类税收优惠政策：

（1）违反上位法的税收优惠政策；

（2）未经国务院批准的政策；

（3）超出税收优惠时间还在执行的政策。

因此，在此背景下，税务筹划之前需要对区域税收优惠政策进行审查确认，并获得有权机关的书面确认或批复为好。

自然人甲投资A企业100万元，取得A公司100%的股权。两年后，甲将股份转让给关联人乙，转让价格仍为100万元，转让之时，A公司的净资产为150万元。转让给乙后，A公司分配股利50万元给乙，请问应如何进行纳税筹划？

1. 纳税筹划前的税负分析

根据67号文的规定，对于平价或低价转让且无正当理由的，税务部门可参照投资企业的净资产核定转让价格，基于此规定，甲转让个人股权的价格是平价，低于A公司的净资产，则税务部门可参照投资企业的净资产核定转让价格，即转让价格为150万元。

甲应缴纳个人所得税：（150–100）×20%=10（万元）

由于转让给乙后，A公司分配股利50万元，则乙还需要缴纳红利个人所得税50×20%=10（万元）。以上合计缴纳个人所得税为20万元。

2. 纳税筹划方案

甲在转让个人股权时，应采取先分配股利后转让股权的策略。

3. 纳税筹划后的税负分析

在甲准备转让A公司股权时，可先考虑让A公司分配股利给甲50万元，甲取得股利后应缴纳个人所得税50×20%=10（万元），再转让股权给乙，则符合67号文的规定，转让价格等于净资产的份额，无须再补交税款。这时候，本次转让行为加股利分配只需缴纳个人所得税10万元，比纳税筹划前减少个人所得税10万元。

7.14　股票期权的筹划

7.14.1　税收筹划依据

股票期权起源于美国，美国迪士尼公司和华纳传媒公司是世界上最早施行股票期权激励的两家企业。股票期权是企业授予高级管理人员的一种权利，持有人可以在规定的时间内以股票期权的“施权价”购买本公司股票，这个过程叫作“行权”。行权之前，股票期权持有人没有任何现金收益；行权之后，个人收入为“施权价”与行权日市价之间的差价。

（1）居民个人取得股票期权、股票增值权、限制性股票、股权奖励等股权激励（以下简称股权激励），符合《财政部　国家税务总局关于个人股票期权所得征收个人所得税问题的通知》（财税〔2005〕35号）、《财政部　国家税务总局关于股票增值权所得和限制性股票所得征收个人所得税有关问题的通知》（财税〔2009〕5号）、《财政部　国家税务总局关于将国家自主创新示范区有关税收试点政策推广到全国范围实施的通知》（财税〔2015〕116号）第四条、《财政部　国家税务总局关于完善股权激励和技术入股有关所得税政策的通知》（财税〔2016〕101号）第四条第（一）项规定的相关条件的，在2021年12月31日前，不并入当年综合所得，全额单独适用综合所得税率表，计算纳税。计算公式为：

应纳税额 = 股权激励收入 × 适用税率 − 速算扣除数

（2）居民个人一个纳税年度内取得两次以上（含两次）股权激励的，应合并按财税〔2016〕101号文第二条第（一）项规定计算纳税。

（3）2022年1月1日之后的股权激励政策另行明确。

7.14.2　税收筹划思路

员工接受实施股票期权计划企业授予的股票期权时，除另有规定外，一般不作为应税所得征税。员工行权时，其从企业取得股票的实际购买价（施权价）低于购买日公平市场价（指该股票当日的收盘价，下同）的差额，是因员工在企业的表现和业绩情况而取得的与任职、受雇有关的所得，应按工资、薪金所得适用的规定计算缴纳个人所得税。因特殊情况，员工在行权日之前将股票期权转让的，以股票期权的转让净收入，作为工资、薪金所得征收个人所得税。员工行权日所在期间的工资薪金所得，应按下列公式计算工资、薪金所得应纳税所得额：

股票期权形式的工资、薪金所得应纳税所得额 =（行权股票的每股市场价 - 员工取得该股票期权支付的每股施权价）× 股票数量

对该股票期权形式的工资、薪金所得可区别于所在月份的其他工资、薪金所得，单独按下列公式计算当月应纳税额：

应纳税额 =（股票期权形式的工资、薪金所得应纳税所得额 ÷ 规定月数 × 适用税率 - 速算扣数）× 规定月数

上述公式中的规定月份数，是指员工取得来源于中国境内的股票期权形式工资、薪金所得的境内工作期间月份数，长于 12 个月的，按 12 个月计算；上述公式中的适用税率和速算扣除数，以股票期权形式的工资、薪金所得应纳税所得额除以规定月数后的商数对照工资、薪金个人所得税税率表确定（即七级超额累进税率）。

员工将行权后的股票再转让时获得的高于购买日公平市场价的差额，是因个人在证券二级市场上转让股票等有价证券而获得的所得，应按照“财产转让所得”适用的征免规定计算缴纳个人所得税，即

此时的财产转让所得 =（每股转让价格 - 行权股票的每股市场价）× 股票数量

这部分所得理应作为财产转让所得征税，但是鉴于目前对个人投资者在二级市场上买卖境内上市公司流通股的所得暂不征收个人所得税，因此如果行权所获得的股权是流通股，则其通过二级市场的转让所得暂免征收个人所得税，

但如果是场外交易或者非流通股、境外上市公司股票的交易，就应当作为财产转让所得征收个人所得税。

员工因拥有股权而参与企业税后利润分配取得的所得，应按照“利息、股息、红利所得”适用的规定计算缴纳个人所得税。除依照有关规定可以免税或减税的外，应全额按规定税率计算纳税。

综上所述，股票期权的税收政策归纳如下：

股票期权在计提期间（等待期），不得在企业所得税前扣除相关成本费用，但实际发放时（行权时）可以扣除。

当个人行权时，股票期权的收益应按“工资、薪金所得”缴纳个人所得税。

王先生为某上市公司的高级职员，该公司于2019年9月30日授予王先生18000股的股票期权，授予价为每股6元。股票期权协议书约定，王先生在工作满2年后购买该公司的股票。假设王先生行权日为2021年10月31日，行权日该公司的股票市价为每股20元。

（1）筹划前税负分析

根据财税〔2005〕35号文的规定，王先生应纳的个人所得税为：

应纳税所得额为：（20–6）×18000=252000（元）

应纳税额为：（252000÷12×25%–1005）×12=50940（元）

（2）筹划方案

根据《关于个人股票期权所得缴纳个人所得税有关问题的补充通知》（国税函〔2006〕902号）第七条规定，员工以在一个公历月份中取得的股票期权形式工资、薪金所得为一次。员工在一个纳税年度中多次取得股票期权形式工资、薪金所得的，其在该纳税年度内首次取得股票期权形式的工资、薪金所得应按财税〔2005〕35号文件第四条第（一）项规定的公式计算应纳税款；本年度内以后每次取得股票期权形式的工资、薪金所得，应按以下公式计算应纳税款应纳税款＝（本纳税年度内取得的股票期权形式工资、薪金所得累计应纳税所得额 ÷ 规定月份数 × 适用税率－速算扣除数）× 规定月份数－本纳税年度内股票期权形式的工资、薪金所得累计已纳税款。

由于股票期权要涉及工资薪金、财产转让和股息、红利所得这三类不同类型的所得，因此如何使这三项应纳个人所得税额的总和最小化就是税收筹划应关注的关键问题。通常可以不考虑期权行使后的股息、红利所得，因为对于持股比例不高的一般股东而言，很难对企业的利润分配政策和实务施加足够大的影响，因而这方面的筹划空间很小，主要还是关注行权时的工资薪金的应纳所得税款和再转让时的。财产转让所得的应纳所得税款的合计数如何才能达到最小化。

（3）筹划后的税负分析

如果考虑行权时间的调整，假设王先生在 2021 年 10 月 31 日和 2022 年 11 月 23 日两次行权，两次行权的股数均为 9000 股，且两次行权的股票市价不变。则：

第一次行权时，应纳税所得额为：（20–6）×9000=126000（元）

应纳税额为：（126000–12×25%–1005）×12=19440（元）

第二次行权时，应纳税额为：［（126000+126000）÷12×25%–1005］×12–19440=31500（元）

两次行权共纳税额为 50940（19440+31500）元。

假设 2022 年 1 月 23 日行权时的股票市价仍是 20 元，王先生将行权日筹划为跨年度的两次，即第一次是 2021 年 10 月 31 日，第二次是 2022 年 1 月 23 日。则：

第一次行权时，应纳税所得额为：（20–6）×9000=126000（元）

应纳税额为：（126000–12×25%–1005）×12=19440（元）

第二次行权时，应纳税额与第一次相同。

两次行权共纳税为 38880 元，节约税额为：50940–38880=12060（元）。

7.15　销售激励的筹划

7.15.1　税收筹划依据

为了提高公司的销售业绩，激励销售人员的工作积极性，实践中的企业往往会采纳销售业务提成和销售佣金两项销售激励制度。其中销售业务提成与销售佣金有严格的区别，区分销售佣金与业务提成，关键要看销售人员是否同企业存在任职、雇佣关系，如果存在任职、雇佣关系，就是业务提成；如果不存在任职、雇佣关系，就是销售佣金。基于此分析，如果是销售业务提成，则企业支付给销售人员的业务提成，应该视同工资、薪金所得，依法履行代扣代缴个人所得税的义务；如果是销售佣金，则企业支付给销售人员的销售佣金应视同劳务报酬所得，应该履行代扣代缴个人所得税的义务。

1. 有关年终奖发放的税收政策规定

根据财税〔2018〕164号财政部关于个人所得税法修改后有关优惠政策衔接问题的通知，纳税人取得全年一次性奖金，包括年终加薪、实行年薪制和绩效工资办法的单位根据考核情况兑现的年薪和绩效工资，单独作为一个月工资、薪金所得计算纳税，先将雇员当月内取得的全年一次性奖金，除以12个月，按其商数确定适用税率和速算扣除数；再按照以下公式计算应纳个人所得税额：应纳税额＝雇员当月取得全年一次性奖金×适用税率－速算扣除数。并且还规定，在一个纳税年度内，对每一个纳税人，该计税办法只允许采用一次。

2. 有关销售佣金的规定

有关销售佣金的企业所得税前扣除问题，根据《财政部　国家税务总局关于企业手续费及佣金支出税前扣除政策的通知》（财税〔2009〕29号）的规定，企业发生与生产经营有关的手续费及佣金支出，必须具备以下五个条件：

第一，不超过以下规定计算限额以内的部分，准予扣除；超过部分，不得扣除。

（1）保险企业：财产保险企业按当年全部保费收入扣除退保金等后余额的15%（含本数，下同）计算限额；人身保险企业按当年全部保费收入扣除退保金等后余额的10%计算限额。

（2）其他企业：按与具有合法经营资格中介服务机构或个人（不含交易双方及其雇员、代理人和代表人等）所签订服务协议或合同确认的收入金额的5%计算限额。

第二，企业应与具有合法经营资格中介服务企业或个人签订代办协议或合同，并按国家有关规定支付手续费及佣金。除委托个人代理外，企业以现金等非转账方式支付的手续费及佣金不得在税前扣除。企业为发行权益性证券支付给有关证券承销机构的手续费及佣金不得在税前扣除。

第三，企业不得将手续费及佣金支出计入回扣、业务提成、返利、进场费等费用。

第四，企业支付的手续费及佣金不得直接冲减服务协议或合同金额，并如实入账。

第五，企业应当如实向当地主管税务机关提供当年手续费及佣金计算分配表和其他相关资料，并依法取得合法真实凭证。

7.15.2 税收筹划思路

在目前竞争日趋激烈的情况下，许多企业为开拓销售市场，对销售人员实行固定报酬与按销售额的一定比例提成相捆绑的方法，即每年年终按销售人员销售额的一定比例一次性发放销售奖金，但销售人员须自行负担差旅费、业务招待费等成本费用。即企业对销售人员的奖金提成常常采取“包干制”，即对销售人员除每月定额发放工资外，再按照其销售金额的一定比例提取奖金，支付奖金后，不再另行报销销售人员的差旅费、业务招待费等与销售有关的费用。企业也就达到了防止销售人员滥报费用，节约成本支出，鼓励多劳多得的目的。此种方法对于提高销售人员的工作积极性，降低公司成本十分有利，但是从税收角度分析，就会发现这种方法不仅会增加销售人员个人所得税的税收负担，而且会使企业多缴纳企业所得税。

基于以上分析，为了减轻销售人员获得销售业绩的个人所得税负担，应按照以下技巧设计低税负的销售激励制度。

第一，设计低税负的销售业务提成制度。如果销售人员是企业的雇员，即销售人员与企业之间是雇佣和被雇佣的关系，则公司应对销售人员的差旅费进行剥离，实报实销，按照销售人员完成销售额的一定比例，报销业务招待费（必须把餐饮发票开成公司抬头名字）和手机通信费用，然后，对剩下的销售业绩奖按照一次性年终奖的办法计算个人所得税。

第二，设计低税负的销售佣金制度。如果销售人员与公司之间没有雇佣和被雇佣的关系，则公司与销售人员应在合同中约定：按照销售额的一定比例在公司里实报实销销售人员的差旅费、业务招待费（必须把餐饮发票开成公司抬头名字）和手机通信费等费用，然后，对剩下的销售业绩奖分次发放，按照劳务报酬代扣代缴个人所得税。

万成公司是一家大型家具生产制造公司。2019年年初，该公司对销售人员实行报酬与销售额相挂钩的办法。公司规定，销售人员每月从公司领取5000元的工资，然后年终按销售额领取一定比例的销售奖。销售人员张明2019年经过努力工作，实现销售额310万元。按照规定张明应该得到31万元的销售奖金（按10%的比例兑现销售奖）。请问应如何进行纳税筹划？

（1）筹划前的税负分析。

由于张明每月可以从公司那里获得5000元的收入，说明张明与公司是雇佣与被雇佣的关系。根据《国家税务总局关于调整个人取得全年一次性奖金等计算征收个人所得税方法问题的通知》（国税发〔2005〕9号）的规定，财政部、国家税务总局联合颁发的《关于个人所得税法修改后有关优惠政策衔接问题的通知》（财税〔2018〕164号），在计算全年一次性奖金所需缴纳的个人所得税时，应先将纳税人当月内取得的全年一次性奖金除以12个月，按其商数确定适用税率和速算扣除数，然后再计算应缴纳的个人所得税。基于此规定和分析，张明的销售业绩奖310000元除以12等于25833元，由工资薪金所得适用税率表，所对应的个人所得税税率为25%，速算扣除系数为2660，则张明应负担的个人所得税为：310000×25%–2660=74840（元）。

（2）筹划方案。

公司应对销售人员的差旅费进行剥离，实报实销，按照销售人员完成销售额的一定比例，报销业务招待费（必须把餐饮发票开成公司抬头名字）和手机通信费用，然后，对剩下的销售业绩奖按照一次性年终奖的办法计算个人所得税。假设在销售奖金中差旅费占10%，业务招待费占15%，通信费占5%。

（3）筹划后的税负分析。

通过低税负的业务提成制度设计，张明的年终应得奖金应该为217000（元）[310000–310000×（10%+15%+5%）]。则张明应该缴纳的个人所得税为217000×20%–1410=41990（元）。因差旅费、业务招待费、通信费可以在缴纳企业所得前扣除，所以万成公司可以少缴纳企业所得税23250（元）[310000×（10%+15%+5%）×25%]。比低税负业务提成制度设计前少缴纳个人所得税32850元（74840–41990），万成公司可少缴纳企业所得税23250元。

图书在版编目（CIP）数据

一本书读懂新个人所得税法 / 蔡昌主编 . —北京：中国法制出版社，2019.8

ISBN 978-7-5216-0397-2

Ⅰ . ①一…　Ⅱ . ①蔡…　Ⅲ . ①个人所得税—税法—基本知识—中国　Ⅳ . ① D922.222

中国版本图书馆 CIP 数据核字（2019）第 154833 号

策划编辑：潘孝莉（editorwendy@126.com）

责任编辑：刘悦　　封面设计：汪要军

一本书读懂新个人所得税法

YIBENSHU DUDONG XIN GEREN SUODESHUIFA

主编 / 蔡昌

经销 / 新华书店

印刷 / 三河市国英印务有限公司

开本 / 730 毫米 ×1030 毫米　16 开　　印张 / 14　字数 / 205 千

版次 / 2019 年 8 月第 1 版　　2019 年 8 月第 1 次印刷

中国法制出版社出版

书号 ISBN 978-7-5216-0397-2　　定价：49.80 元

北京西单横二条 2 号　邮政编码 100031　　传真：010-66031119

网址：http://www.zgfzs.com　　**编辑部电话：010-66073673**

市场营销部电话：010-66033393　　**邮购部电话：010-66033288**

（如有印装质量问题，请与本社印务部联系调换。电话：010-66032926）